EXIL

Siegmar Faust

GLAUBE, HOFFNUNG, LIEBE

Religion in einer zerfallenden Gesellschaft

edition buchhaus loschwitz

Impressum

1. Auflage 2023

Friedrich-Wieck-Straße 6, 01326 Dresden

www.kulturhaus-loschwitz.de

Satz und Gestaltung: werksatz dresden

ISBN 978-3-9825562-1-5

Wir haben nicht zu richten, sondern uns zu freuen über jeden Sünder, der seine Sünden bekennt und weiß, dass unser Leben auf Gnade beruht. Wendehälse und Heuchler können zumeist schon zu Lebzeiten durchschaut werden, denn „an ihren Früchten werdet ihr sie erkennen“.

Der verlegene Blick in den gestirnten Himmel

Ein demokratischer Staat lässt sich nicht auf Massenmord an den europäischen Juden gründen. Aber da soll sich ja auch nichts gründen. Wer die Meinungsfreiheit oder die Freiheit der Wissenschaft nutzen will und allein nur die amtliche Zahl von sechs Millionen jüdischen Opfern infrage stellt, obwohl es nach der Durchsicht der Ost-Archive sogar 6,3 Millionen sein sollen, bekommt es mit dem Staatsanwalt zu tun. Wer jedoch auf Flugblättern oder sonst wie die Parole verbreitet »Deutschland verrecke!«, kann sich der heimlichen Sympathie derer sicher sein, die als Turnschuhnieten in Nadelstreifen Deutschland sogar von der Regierungsbank her in den Untergang treiben. Mit Führern totalitärer Systeme, wenn sie nur »links« standen, hatten und haben sie wenige Probleme. Die rot-grüne Regierung unter Schröder wollte gern deutsche Waffen an die sogenannte Volksrepublik China verkaufen, obwohl China auch weiterhin ein kommunistischer Ein-Parteien-Staat ist. Gewaltenteilung und unabhängige Gerichtsbarkeit dürfen dort ebenso wenig existieren wie Oppositionelle, Gläubige und

Menschenrechtler. Sie werden eingesperrt, gefoltert und nicht selten ermordet.

Die Medien unterliegen strenger Zensur. Das Internet wird – wie wohl in jedem totalitären Regime – zensiert und überwacht; Religionen, die nicht unter Aufsicht des Staates stehen, sind verboten. Ihre Vertreter werden verfolgt und eingesperrt; Menschen in Tibet und Ostturkestan werden unterdrückt, die Länder ausgebeutet; Hongkongs zugesicherte autarke Selbstverwaltung wird verhindert; Drohungen gegenüber Taiwan werden immer wieder vorgebracht. Es ist nur noch eine Frage der Zeit, bis es dort »kracht« …

Wer auf diese unsere Welt blickt, kann erkennen, dass sie trotz wunderbarer Vorzüge und Schönheiten dennoch ein Hexenkessel voll des Wahnsinns und des schamlosen Mordens ist. Unter dem Aspekt des Massenmordes beginnt das 20. Jahrhundert mit dem Ersten Weltkrieg. Kriege und revolutionäre Umbrüche steigerten fortan sprunghaft die Massenmorde an der Zivilbevölkerung. Mit der Ausnahme des Ersten Weltkrieges übersteigen die Terrortoten bei allen großen Kriegen die Zahl der Kriegstoten ums Mehrfache. Die Jahre zwischen 1930 bis 1980 sind weltweit die Zeit des brutalsten Terrors gegen Zivilbevölkerungen. Insbesondere die Jahre von 1937 bis 1953 prägen unser Jahrhundert als das Jahrhundert des Massenmordes. Doch auch die Jahrzehnte davor können uns das Gruseln lehren: Zwischen 1900 und 1920 kamen in Mexiko durch staatliche Terrormaßnahmen 1,4 Millionen Menschen um. Das jungtürkische Regime initiierte während des Ersten Weltkriegs den ersten ethnisch-religiösen Säuberungs-Massenmord des Jahrhunderts gegen die Armenier. Ergebnis: 1,5 Millionen Tote. Die nachfolgende Regierung ermordete innerhalb von drei Jahren 3,5 Millionen Armenier, Griechen, Nestorianer und andere Christen. Zwischen der Invasion Chinas 1937 und der Beendigung des Zweiten Weltkrieges durch die Atombombenabwürfe auf Hiroshima und Nagasaki hat das Militärregime Japans ca. sechs Millionen zivile Chinesen, Indonesier, Koreaner, Filipinos und Indochinesen ermordet.

Während des 43 Jahre dauernden Vietnam-Krieges wurden 3,8 Millionen Privatpersonen ermordet. Zwischen 1970 und 1980 brachten die Roten Khmer 3,3 Millionen Männer, Frauen und Kinder um, also fast die Hälfte der Bevölkerung. Das westpakistanische Militär tötete 1971 in 267 Tagen 1,5 Millionen Menschen Bangladeschs. Lange vor dem Jugoslawien-Krieg ermordeten die Kroaten während des Zweiten Weltkrieges 655 000 Menschen des überwiegend serbischen Bevölkerungsanteils. Unter Josip Broz »Tito« wurden 500 000 Zivilisten beseitigt. Das kommunistische Regime Nordkoreas hat zwischen 1948 und 1987 1,6 Millionen Menschen ausgerottet. Die UdSSR hat zwischen 1917 bis 1987, besonders zwischen 1929 und 1953, 61,9 Millionen Menschen ermordet, davon 54,7

Millionen, die zum eigenen Staatsgebiet gehörten. Die Nationalsozialisten bringen es mit den Kriegstoten auf 20,9 Millionen Terrortote, wobei 20 Millionen davon nicht zur deutschen Bevölkerung innerhalb der Reichsgrenzen von 1937 gehörten. War der sowjetische Völkermord überwiegend ein Bestandteil des innerstaatlichen Terrors, so war der deutsche überwiegend gegen Bevölkerungen eroberter Länder gerichtet und innerhalb derer besonders gegen die Juden.

Als den Überlebenden von Auschwitz im Januar 1945 die Stunde der Freiheit kam, »schlug sie«, so der italienische Häftling Primo Levi, »für uns ernst und lastend und erfüllte unsere Seelen mit Freude und zugleich einem schmerzlichen Schamgefühl«. In unserer schamlosen Zeit fragen wir sofort: Warum Scham? Levi antwortete: »Es war die gleiche wohlbekannte Scham, die uns nach den Selektionen und immer dann befiel, wenn wir Zeuge einer Misshandlung sein oder sie selbst erdulden mussten: jene Scham, die die Deutschen nicht kannten, die der Gerechte empfindet vor einer Schuld, die ein anderer auf sich lädt, und die ihn quält, weil sie existiert, weil sie unwiderruflich in die Welt der existenten Dinge eingebracht ist.«

Und der verlegene Blick in den gestirnten Himmel, was lehrt er uns? Die Wissenschaften sind weit fortgeschritten. Doch wohin führen uns ihre widerspruchsvollen Erkenntnisse? Freiheit – welch ein erhabenes Wort! Wie viele Millionen Menschen haben ihr

Leben dafür hergegeben. Emmanuel Lévinas lehrte: Wenn »alles erlaubt« sei, bestehe die oberste Pflicht darin, sich schon im Krieg verantwortlich zu fühlen gegenüber den Werten des Friedens. Selbst in tragischen Situationen solle man nicht Gefallen finden an den »virilen Tugenden des Todes und des verzweifelten Mordes«, sondern die Gefahren zu bannen suchen, um bald wieder »zum Schatten seines Weinstocks und seines Feigenbaums zurückzukehren.« Lévinas riet also zur Wiederaufnahme der Zivilisation. Dabei sei es hilfreich, derer zu gedenken, die im Chaos sich so zu verhalten wussten, als ob die Welt nicht aus den Fugen geraten wäre, indem sie aus ihrer inneren Quelle schöpften.

Sollten Künstler, denen innere Quellen zugemutet werden, für die Misere mitverantwortlich sein? Zu gern mögen sie lediglich das Medium sein, an dem sich die Misere ihrer Zeit ablesen lässt. Sind nicht jene, die sich nur als Chronisten der Zeit verstehen, auch schuldig geworden? Lévinas würde äußerst behutsam antworten, doch der französische Architekt und Philosoph Paul Virilio kannte kein Pardon: »Die erbarmungslose zeitgenössische Kunst ist nicht mehr schamlos, sondern sie hat sich die Schamlosigkeit der Schänder und Folterknechte, den Hochmut des Henkers zu eigen gemacht.« Hat er nicht recht? Trifft es etwa nicht auf die »documenta« in Kassel des Jahres 2022 zu?

1784 schrieb der Aufklärer Immanuel Kant in der *Berlinischen Monatsschrift:* »Aus so krummem Holze, als woraus der Mensch gemacht ist, kann nichts ganz Gerades gezimmert werden.«

In Jewgeni Iwanowitsch Samjatins sarkastischen Roman *Wir* wird gespottet: »Wir werden die wilde, krumme Linie geradebiegen, sie zur Tangente, zur Asymptote machen. Denn die Linie des Einzigen Staates ist die Gerade. Die große, göttliche, weiße Gerade, die weißeste aller Linien.«

Für den avantgardistischen Maler, Designer und Fotografen Alexander Rodtschenko war das jedoch ein ernst gemeintes Thema, als er 1921 in Moskau vortrug: »Die Linie ist das Erste und das Letzte, sowohl in der Malerei als auch bei jeglicher Konstruktion überhaupt. Die Linie ist Durchgang, Bewegung, Zusammenstoß, Grenze, Befestigung, Verbindung, Schnitt. So besiegte die Linie alles und vernichtete die letzten Zitadellen der Malerei – Farbe, Ton, Faktur und Fläche. Die Linie setzte der Malerei ein rotes Kreuz.«

Und Lenin führte in dieser Zeit das hygienische Zeitalter ein: »Wir werden Russland ein für alle Mal reinigen.«

Dieser kalte Geist war ebenso das Markenzeichen linker Bauhauskünstler. Sie setzten sich fast weltweit durch; davon zeugt überdeutlich die »Unwirtlichkeit unserer Städte« (Alexander Mitscherlich).

Ihren verlogenen Gründungsmythos Auschwitz lassen sich diese 68er Wohlstandsrevoluzzer bis heute nicht nehmen, um kaschieren zu können, dass sie einst mit Arafat-Tüchern angetreten waren, die Palästinenser zu unterstützen, das demokratische »Scheiß-System« der BRD zu stürzen, die Familie ganz im Sinne kommunistischer Theorien abzuschaffen, die Religion lächerlich zu machen, die Wiedervereinigung zu verhindern, die Nation möglichst auszulöschen. Und jetzt maßen sie sich an, Deutschland regieren zu dürfen.

Der Sozialreformer und Begründer der Anthroposophie Rudolf Steiner erkannte schon im Jahr des Putsches gegen die sozialdemokratische Regierung Alexander Kerenskis, dass der Widerspruch zwischen Freiheit, »die auf die einzelne persönliche Initiative hinweist«, und Gleichheit, die sich in einem zentralisierten Superstaat verwirklichen soll, zu keinem guten Ende führen kann. Steiner wirft den Propagandisten der »drei Kardinalideen« vor, dass sie zwar schöne Ideen deklamierten, von denen sie sich abstrakte Begriffe machten, aber wenig Neigung entwickelten, »auf die Wirklichkeit einzugehen«. Man solle sich keine »Idee darüber bilden, was die Menschen brauchen, sondern nach dem, was die Wirklichkeit sagt.« Was ist notwendig zu jedermanns Zeit? »Welches sind denn eigentlich die Bedürfnisse der Zeit?« Er war davon überzeugt, dass vom Menschen erst erkannt wird, »was zu seinem Wesen gehört, wenn er durch die Pforte des Todes gegangen ist.« Ja, im Tode sind dann alle gleich, sagt man. Sagen lässt sich viel immer, beweisen nimmer.

Besonders in der Kunst kommt der Drang zur Entdeckung der Welt und des Menschen am stärksten zum Vorschein. Die Antike soll zur Naturwahrheit anregen, doch sie zu übertreffen, sei das höchste Ziel. Doch das bald anbrechende Barockzeitalter, das einerseits das letzte große System des Rationalismus und mit Gottfried Wilhelm Leibniz eines seiner letzten Universalgenies hervorbrachte, war auch das Zeitalter der Pest, der Gegenreformation und des Dreißigjährigen Krieges mit verheerenden Folgen. Philosophen und Schriftsteller beschäftigten sich daher mit Themen wie Vergänglichkeit, »Memento mori« – »Gedenke zu sterben. / Denke daran, dass du sterben wirst« – und »Carpe diem«. Es bürgerte sich ein, Begriffe antithetisch gegenüberzustellen. Typisch waren zum Beispiel die Gegenüberstellungen von Leben und Tod, Schein und Sein oder Gegenwart und Unendlichkeit.

Das schwere Erdbeben von Lissabon im Jahre 1755 wurde schließlich zum Auslöser einer fundamentalen Diskussion sowohl um die vorherrschende Gottesanschauung als auch um die Herkunft und Berechtigung des Bösen in der Welt. Daran beteiligten sich die bedeutendsten Theologen, Philosophen und Schriftsteller der Zeit. Die meisten Anhänger fand das bereits zuvor formulierte Weltenmodell von Leibniz, das er in seinen *Essais de théodicée sur la bonté de Dieu, la liberté de l'homme et l'origine du mal* von 1710 darlegt hatte: Unsere Welt ist demnach die beste aller möglichen Welten und fußt auf einer von GOTT prästabilierten Harmonie aller Dinge. Das bedeutet: Alle Ereignisse sind im Vorhinein festgelegt, zwangsläufig auch das Übel, weil alles Geschaffene nicht perfekt sein kann, da es ja ansonsten gottgleich wäre. Eine ähnliche Ansicht vertrat auch der englische Dichter Alexander Pope in seinem Gedicht »An Essay on Man«, das in der handlichen Formel endet: »[...] whatever is, is right.«

Während der junge Kant und vor allem Jean-Jacques Rousseau sich diesem Optimismus anschlossen, lehnte François-Marie Arouet, bekannt unter dem Namen Voltaire, deren Ansichten vehement ab. Besonders gegen Philosophen, die trotz aller Katastrophen noch immer von der »besten aller Welten« sprachen, meldete Voltaire mit seinem Gedicht »Poème sur la désastre de Lisbonne« und dem satirischen Roman *Candide ou l'optimisme* heftigen Widerspruch an. Die von Leibniz vorgenommene Lösung der Theodizeefrage schien ein für alle Mal erledigt zu sein. Auch Kant erteilte solchen Theodizeeversuchen eine Absage, wogegen im deutschen Idealismus, der sich auch in der Nachfolge Leibniz' stehen sah, der Begriff »Theodizee« auf die gesamte philosophische Gotteslehre oder natürliche Theologie ausgedehnt wurde.

Theologen wie Karl Barth, Johann Baptist Metz oder Jürgen Moltmann gingen erneut an das Problem heran, denn die neuen Dimensionen der menschlichen Grausamkeit und des Leidens hatten das Verhältnis von Leid zu GOTT wieder einmal zuungunsten GOTTES verschoben. Die Theodizeefrage bleibt also ständig aktuell und wird nie endgültig zu lösen sein. Doch wie sieht es mit unserer Erkenntnis aus? Lässt sich nicht erkennen, was zu den technologisch bedingten und damit außergewöhnlichen Grausamkeiten des 20. Jahrhunderts führte? Oder was allezeit zu Grausamkeiten gegenüber »Brüdern und Schwestern« führen muss?

Immer wenn Menschen im Namen einer übergeordneten Sache etwas nach ihrem Willen und ihrer Vorstellung durchzusetzen suchen, setzt mit der Niederlage des Denkens die Barbarei der Tat ein, entstehen also zwangsläufig die grausamsten Zivilisationsbrüche.

Der französische Philosoph Alain Finkielkraut sagte erklärend: »Man darf nicht vergessen, dass z. B. der Nazismus sich selbst als eine Art von Philanthropie, von Freundschaft zur Menschheit, verstanden hat. Man wollte nicht nur die Vorherrschaft Deutschlands durchsetzen, sondern die Politik der gesamten Menschheit auf sich nehmen und diese Menschheit zu ihrem Wohl vom fremden Juden befreien. Man muss also feststellen, dass die Idee der Menschlichkeit im 20. Jahrhundert verloren gegangen ist und dass sich die Unmenschlichkeit im Namen der Menschheit – der Rasse oder der Klasse – so massiv entfaltet hat. Daraus ziehe ich den tragischen Schluss: Die Idee der Menschlichkeit ist sterblich, sie kann verschwinden, aber sie ist zugleich mörderisch.«

Sehr richtig hat er die Austauschbarkeit des Willens erkannt, denn es ist gleich, in welchem Namen man die Welt befreien, retten oder bezwingen will, ob im Namen der Klasse, der Rasse oder Allahs. Wie die Kommunisten waren die Nationalsozialisten »davon überzeugt, dass sie einen Auftrag zu erfüllen hatten. Es ging darum, die Menschheit von den Juden zu befreien. Deshalb habe ich fast aus Notwehr«, so Finkielkraut, »von einer Art Verbrechen aus Menschenliebe gesprochen. Es ging darum, die tiefen Ziele der Geschichte zu verwirklichen, auszuführen. Die Nazis hatten also das Gefühl, eine Mission zu erfüllen«.

Und er illustriert dies überzeugend an einem Beispiel:

»Himmler sagt nicht, lasst euren Instinkten freien Lauf, lasst das Tier in euch zu Wort kommen, nein. Er sagt im Gegenteil: ihr müsst imstande sein, den Instinkt, der euch in die Arme des Mitleids, des Verständnisses treibt, zu überwinden. Im Namen eines höheren Ideals. Und worin bestand dieses Ideal? Eine Menschheit ohne Juden aufzubauen. Weil die Juden, in den

Augen der Nazis, sich verschworen haben, um die Welt zu beherrschen.«

Genauso idealistisch und aus geglaubter Einsicht in die Notwendigkeit der Geschichtsgesetze setzten die Bolschewisten und Marxisten ihre Mordmaschine unter der Geheimdienstlosung »Kühler Kopf, heißes Herz, saubere Hände« in Bewegung. »Im Jahr 1937, etliche Jahre vor Hitler, setzte Stalins NKDW Vergasung als Mittel der Massenhinrichtung ein. Lastwagen mit Werbeplakaten für ›Brot‹ fuhren kreuz und quer durch Moskau und pumpten unterdessen die Auspuffgase in den Laderaum, wo nackte Häftlinge bündelweise zusammengebunden lagen, bis die Ladung bereit für die Sarggrube war«, so der englische Historiker Donald Rayfield, der in die Archive des sowjetischen Politbüros Einsicht nehmen durfte.

Das Ideal der Marxisten bestand und besteht aus einer Menschheit ohne Kapitalisten und Besitzer von Produktionsmitteln. Seien diese beseitigt, umerzogen oder liquidiert, dann käme gesetzmäßig die klassenlose Gesellschaft als das Ende der Geschichte an die Macht, wo nicht nur der Staat abstirbt und mit ihm seine Organe wie Justiz und Polizei, sondern auch jede Kriminalität. Denn von nun an dürfe sich jeder nach seinen Bedürfnissen aus der Fülle des Produzierten ohne Geld oder Gutschein bedienen. Keine bürgerliche Arbeitsteilung schränke dann die »allseitig entfaltete Persönlichkeit« mehr ein, denn nun sei es endlich so weit, dass sich gleichberechtigt jede Frau und jeder Mann »in jedem beliebigen Zweig ausbilden« könnten.

Und warum soll dann nicht jeder bestimmen können, was er eigentlich gern sein möchte: Frau oder Mann oder sonst was? Warum zur Abwechslung nicht auch mal ein Hund?

So kindisch oder verblödet kann nur denken, wer die religiösen Weisheits- und Geschichtsbücher seiner Vorfahren ignoriert, verachtet und sich selber für einen Messias hält. Doch in unserer modernen Konsumgesellschaft, in der vielen langsam die Luft ausgeht, wird alles marktschreierisch angeboten, gleich, ob es nützlich oder schädlich, richtig oder falsch, verlogen oder ehrlich, inhuman oder menschlich ist. Hauptsache, es verkauft sich gut und jedes Bedürfnis wird abgedeckt. Andererseits, welcher Zensor soll bestimmen, was gut für uns Menschen ist? Und was ist schon gut für alle? So kommt es dazu, wie Thomas Luckmann schrieb, dass der Einzelne »gegenüber der Kultur und dem Heiligen Kosmos als ›Käufer‹ auftritt. Ist die Religion erst einmal zur ›Privatsache‹ geworden, kann das Individuum nach freiem Belieben aus dem Angebot ›letzter‹ Bedeutungen wählen«.

Es muss gefragt werden dürfen, ob wir dieses Ergebnis der anthropologischen Bedingung der Religion zu verdanken haben. Wurzelt sie denn nicht in der Spannung zwischen Individuum und Gesellschaft, die naturgemäß auch die Abläufe der Individuation unseres Gewissens und Bewusstseins durchkreuzt? Das führt wiederum zur Objektivierung einer Weltansicht, die dem ungezügelten Bewusstseinsstrom »eine ihm ›transzendente‹ Bedeutungshierarchie verleiht«, so Luckmann. Die Weltansicht als universale, jedoch unspezifische Religionsform findet ihre subjektive Ergänzung im System der verinnerlichten Bedeutungsmacht. Sie soll die Grundlage persönlicher Identität bilden.

Religion ohne GOTT-Bezug

Freilich, der Versuch, immer schneller neue, maßgeblich außerkirchliche Religiositäten wie New Age oder »Popreligiosität«, um ein schon wieder veraltetes Beispiel zu bringen, als Alternative gegenüber angeblich überkommenen Deutungsmustern der Religion auf die Beine zu stellen, könnte auch eine Entkernung des Religionsbegriffs verdecken wollen, die mit einer Verramschung des Prädikats »Religion« einhergeht. Diese Instrumentalisierung von Religion wird vor allem von Theologen selber betrieben mit Unterstützung durch namhafte Religionssoziologen, die mit einem funktionalen Religionsbegriff hantieren, der mittlerweile so unscharf geworden ist, dass man nunmehr in allen Sparten der Popkultur, der Werbung und des

Sports Religiöses anzutreffen vermeint, was nur davon ablenkt, dass sich vor allem Diktatoren und Demagogen gern hinter ersatzreligiösem Mummenschanz verbergen. Solche funktionalen Religionsbestimmungen, deren inhaltlicher Bezug gegen null tendiert, machen am Ende praktische Religion unmöglich. Denn was sich hier offenbart, ist eine Aushöhlung des Religionsbegriffs, in der die Religion zur Karikatur wird. Dem entspricht eine konsumgerechte, vom Marktvokabular geprägte Tendenz, nach der dann Religionen den wechselnden Bedürfnissen angepasst und kundenorientiert aufbereitet werden. In Anbiederung an aktuelle Befindlichkeiten und erweckte »Bedürfnisse«, vorherrschende »Nachfrage« und entsprechende »Werbung« werden »traditionelle« Glaubensinhalte und reflektiertes Glaubenswissen zurückgedrängt. Die von Individualisierung, Privatisierung und De-Institutionalisierung bestimmte, jeweils neueste »Religion« zielt auf innere Stimmigkeit und Selbsterfahrung und führt in der Konsequenz zu einer Religion ohne GOTT-Bezug, damit religiöse Gefühle willkürlich ausgelebt werden können.

Ähnliches gibt es in der Entwicklung der Kunst zu beobachten. Die staatlichen Kunsttempel, zumeist der Ästhetik des Hässlichen verpflichtet, sind in der Regel leer; die meisten Menschen erfüllen sich ihre ästhetischen Bedürfnisse lieber in »schön« gestalteten Kaufhäusern. Hier bestätigt sich die empirisch gewonnene

Erkenntnis Alfred Müller-Armacks, der aus der Erfahrung der beiden verflossenen Jahrhunderte sah, dass der Mensch nicht imstande ist, sein Leben rein weltlich zu gestalten: »So wie nach Aristoteles der Mensch seinem Wesen gemäß auf ein Du und Wir, auf eine Gesellschaft gerichtet ist, ist er seinem Wesen nach auch auf ein höchstes Wesen, ein Summum bonum, einen letzten Grund angelegt.« –

Hier ließe sich mit Ferdinand Ebner zuspitzen: auf ein »erstes Du« angelegt. Weiter bei Müller-Armack: Der Mensch »ist von Natur aus ein geselliges Wesen, selbst wenn er zufällig einsam außerhalb der Gesellschaft leben sollte, und er ist auf eine transzendente Sphäre hingeordnet, auch wenn er aus Schuld oder fehlender Gnade glaubenlos lebt. Diese Transzendenz ist ein empirisches Faktum«.

Das steht keinesfalls im Widerspruch zum Stand moderner Hirnforschung, deren Aussagen jedoch interpretierbar sind und nie abgeschlossen sein werden, solange uns immer neue Fragen einfallen, solange wir also offenbleiben und verstehen, dass es einen gültigen Stand im Erkennen gar nicht gibt, sondern allenfalls ein über den Widerstand hinausreichendes Erahnen der immateriellen Grundstruktur der Wirklichkeit, die unsere Welt als Potenzialität in der Schwebe hält.

Die Massen leben ihre Sehnsüchte nach Gemeinschaft und Kult kaum noch in Kirchen, sondern auf Demos, in den Fußballstadien, in Kneipen oder den Zelten des Oktoberfestes aus. Kunsthonig und Bienenhonig unterscheiden sich jedoch qualitativ so sehr, dass es eigentlich impertinent ist, Kunsthonig Honig zu nennen. Und dennoch: Alles ist von dieser Welt und stammt aus einem gemeinsamen Grund, den wir nicht kennen und uns nicht einmal vorstellen können. Die Aufklärer und Wissenschaftler, darunter zählen freilich auch die Theologen, die uns alles erklären wollten, sind mittlerweile etwas vorsichtiger, wenn auch kaum bescheidener geworden, denn sie müssen, wie der Physiker Hans-Peter Dürr sagte, »zur Kenntnis nehmen, dass sie die ›eigentliche‹ Wirklichkeit im Urgrund nicht ausreichend und angemessen beschreiben, sondern nur mithilfe von Gleichnissen deuten können«.

Wolfhart Pannenberg, immerhin einer der wichtigen Theologen unserer Zeit, stellt der wissenschaftlichen Anthropologie eine theologische entgegen, die den Menschen »im Lichte der Theologie« zeigen will, da er der Meinung ist, dass die Wissenschaften mit ihren Menschenbildern nie den tatsächlichen Menschen erreichen – »weder die biologische noch die Kulturanthropologie, weder die Soziologie noch die Rechtsanthropologie und gewiss auch nicht die Existenzialontologie. Ihre Bilder vom Menschen sind Abstraktionen.«

Freilich lässt sich Wissenschaft ohne Abstraktionen nicht leisten, aber auch eine Wissenschaft, die sich mit dem Heiligen Kosmos, dem Absoluten, dem Schöpfer der Welt und dem Ewigen beschäftigt, hat nichts von solchen göttlichen Attributen an sich, sondern bleibt wie alle positive Wissenschaft etwas Vorläufiges, denn selbst »die zentrale Thematik der Religion ist […] metaphysischer Art und entzieht sich damit dem Mikroskop«.

Der Soziologe Luckmann sagte noch 1964 kurz und unmissverständlich, und das gegen alle Empiristen, aber auch gegen Husserl oder Heidegger gerichtet: »Die unmittelbare Erfahrung ist wesentlich sinnlos.« Sinn ergebe sich nur in der Interpretation unmittelbarer Erfahrung, anhand eines Wissens- und Wertschemas, »also in einem erfahrungstranszendenten Bezug«. Im Jahr 2000 klang das schon moderater, als er an der Theologischen Fakultät Leipzig die Frage zu beantworten suchte, wo in modernen Gesellschaften Moral noch öffentlich kommuniziert werde und nach welchem Muster.

Sein Thema sei, räumte er dort einleitend ein, wissenschaftlich schwerer als viele andere gesellschaftliche Erscheinungen auf den Begriff zu bekommen, weil unser tägliches Handeln unmittelbar in diesen Erscheinungen verfangen sei. Das erschwere den theoretischen Abstand zu unserer selbstverständlichen Praxis. Freilich, ein Wertschema aufzustellen, ein Modell zu erdenken, eine Idee zu haben, ist das eine; das andere, wie es gelingen kann, solches dann der

Welt oder der Sache überzustülpen. Zu viele Soziologen oder Wissenschaftler schwärmen noch immer wie Politiker, Techniker oder Militärs davon, alles in den Griff zu bekommen.

»Allen Erfahrungen ist gemeinsam«, heißt es in *Herders Kleinem philosophischem Lexikon* von 1958, »dass sie als solche zwar umschrieben, nicht aber in dem unmittelbaren Gehalt ihrer Selbstbezeugung mitgeteilt und gegenwärtig gemacht werden können. Sie sind deshalb auf rationellem Wege nicht widerlegbar, sondern können nur durch tiefere Erfahrungen eingeschränkt oder überholt werden.«

Edmund Husserl, der eben gegen Luckmanns »Interpretation unmittelbarer Erfahrung« bekanntlich die Sachen selber zum Sprechen bringen wollte, empfahl stets »epoché«, soll heißen: sich zurückzunehmen. Damit forderte er die Philosophen auf, sich der vorschnellen Weltdeutung zu enthalten und sich bei der analytischen Betrachtung der Dinge an das zu halten, was dem Bewusstsein unmittelbar erscheint. Aus der durch die Enthaltung gewonnenen Neutralität heraus sei es dann möglich, zum Wesen einer Sache beziehungsweise »zu den Sachen selber« vorzudringen. Jetzt seien nur noch die Bewusstseinsakte Gegenstand einer Betrachtung. Das Vorhandensein eines Gegenstandes werde auf diese Weise »transzendiert«. Was übrig bleibe, könne die »absolute Seinsregion des Bewusstseins« selber sein. Mit dieser eidetischen

Reduktion, also der gedanklich durchgespielten Variation eines Bewusstseinsphänomens, gelinge eine Wesensschau, die uns zeige, wie sich die Welt im Bewusstsein errichte und begründe. Doch was nützen solche Einsichten, wenn sie vor allem von jenen nicht umgesetzt werden, deren Beruf es sein müsste? Besonders nach 1945 fielen Intellektuelle dadurch auf, immer deutlicher werden zu lassen, religiös mindestens ebenso »unmusikalisch« zu sein wie Jürgen Habermas.

Dass es Religion in der Welt gibt, die nicht einfach abstirbt, hat Luckmann gut herausgearbeitet; denn wer ihre Beseitigung denkt oder fordert, überlässt das Thema Religion leichtfertig den Kräften der Unterwelt. Erstaunlich bleibt jedoch, dass die Soziologie bisher kaum erklärt hat, wie durch die beiden Diktaturen in Deutschland den traditionellen Religionen und ihren Kirchen faktisch der Garaus gemacht werden konnte. Michael Hesemann weist in dem Buch *Hitlers Religion* nach, dass Hitler die »verjudete Kirche« nicht nur hasste; er wusste auch, dass bloße Sticheleien ihr nichts hätten anhaben können, deshalb verfolgte er eine systematische Deprogrammierung der Deutschen. Nie raffinierter und nie fanatischer wurde die Entchristlichung einer Nation betrieben als in den beiden sozialistischen Diktaturen: mit eigenen Sakramenten, Riten, Orden und einem komplexen Credo, ganz abgesehen von immer neuen Gottesdiensten.

Hitlers erste Rede nach der Machtergreifung feierte schon das »neue deutsche Reich der Größe und der Ehre und der Kraft und der Herrlichkeit und der Gerechtigkeit. Amen!« Was war schon eine Messe im Kölner Dom gegen Speers Lichtdome? Im Bund Deutscher Mädel lernte man ein neues Vaterunser auswendig: »Adolf Hitler, [...] Dein Reich macht die Feinde erzittern, Dein Drittes Reich komme, Dein Wille sei allein Gesetz auf Erden«. Hitlers Projekt war, und das erkannte der Schweizer Kulturphilosoph Denis de Rougemont schon während seines Aufenthaltes in Deutschland von 1935 bis 1936, eine absonderlich dämonische Gegenkirche.

Der Kulturbruch der Nationalsozialisten, zuvor schon durch die Kommunisten begangen und nach dem Zweiten Weltkrieg skrupellos fortgeführt, war eine rabenschwarze und eiskalt berechnete Satansmesse, der in nur zwölf Jahren massenhaft Christen, doch vor allem Juden zum Opfer fielen. Die religiöse Entwurzelung unter den Kommunisten war noch abgefeimter, effizienter und kam, jedenfalls in der DDR, fast ohne Leichen aus. Was die Jakobiner in der Neuzeit grausam begannen, Karl Marx mit seinem sprichwörtlichen Hass gegen die Religion geistig begründete, suchte Hitler umzusetzen: »Wir beenden einen Irrweg der Menschheit. Die Tafeln vom Sinai haben ihre Gültigkeit verloren. Das Gewissen ist eine jüdische Erfindung.«

Das, was am meisten verwundert, ist die von der Soziologie vernachlässigte Tatsache, dass der Siegeszug dieser grauenvollen Überzeugung erst nach 1968 so richtig in Schwung kam.

Der Glaube an das Paradies auf Erden

Ich glaube – und ich sage bewusst »glaube« –, dass weder einer sichtbaren noch einer unsichtbaren Religion mit historischen, soziologischen, naturwissenschaftlichen, ja nicht einmal mit philosophischen oder theologischen Erklärungen beizukommen ist. »Allein das religiöse Bedürfnis«, sagte der bedeutende japanische Philosoph Keiji Nishitani, »ist der Schlüssel zum Verständnis dessen, was Religion ist.«

Luckmann scheint dieses Schlüssels nicht bedurft zu haben. Religion, die ja viel mit unmittelbarer Wahrnehmung und davon abgeleiteter Erfahrung zu tun hat und fast immer auch nach einem »Leben in der Wahrheit« (Václav Havel) sucht, sperrt sich, ähnlich der Liebeserfahrung, allen intellektuellen Deutungsschemata; deshalb haben es selbst wortgewaltige Mystiker so schwer, ihre Glaubenserfahrungen auszudrücken, so sie es denn überhaupt für nötig erachten. Sogar das kritische, also das unter der Zensur der Vernunft betonte Lesen der Heiligen Schrift stiftet mehr Verwirrung als Ein-Tracht mit dem, an den oder an das man zu glauben glaubt. Ist die Dreiheit »Glaube, Hoffnung und Liebe« wirklich analysierbar? Heidegger sagte: »Das Religiöse wird niemals durch die Logik zerstört, sondern immer nur dadurch, dass der Gott sich entzieht.«

Nicht wenige, vielleicht sogar die meisten der literarisch und geisteswissenschaftlich geprägten Intellektuellen des 20. Jahrhunderts versuchten, dieser Polarität und den vielen Ambivalenzen zu entkommen, die den weitgehend instinktschwachen und damit sich selber in die natürliche Welt und vorgefundene Gesellschaft einordnen müssenden Menschen ständig um das Gleichgewicht ringen lassen. Wahrscheinlich hauptsächlich aus Schwäche oder im Überdruss des ständigen Kampfes ums Aufrecht-Sein konnten sie den Pluralismus mit der dazugehörigen Toleranzbereitschaft, den permanenten Streit um Erkenntnisse, Methoden und Wahrheiten sowie die mit der individualisierten Vermassung oder massenhaften Individualisierung in den Industriestaaten zweifelsohne einhergehende Gefühlskälte nicht mehr ertragen. Sie ließen sich lieber von zu einfachen dualistischen – oder marxistisch ausgedrückt: antagonistischen Schwarz-Weiß-Weltbildern im wahrsten Sinne des Wortes »gefangen nehmen«. Damit war man folgerichtig auch von Utopien fasziniert, die das Paradies auf Erden versprachen oder zumindest eine vernünftig geordnete Welt unter der Parole »Freiheit, Gleichheit,

Brüderlichkeit« in Aussicht stellten. Allein schon an ihren »großen Gesängen«, die durchaus begabte Dichter oft mit pathetischer, ersatzreligiöser Inbrunst überdimensionalen Massenmördern widmeten, lassen sich die große Untreue gegenüber dem Gefühl, dem eigenen Verstand und dem »kategorischen Imperativ« (Immanuel Kant) sowie die fehlende Ehrfurcht gegenüber religiöser und kultureller Tradition als die eigentliche Sünde auf dem Bauche kriechender »Gutmenschen« belegen.

Der Theologieprofessor Helmut Lamparter warnte schon 1967: »Die Menschheit übernimmt sich, wenn sie als ihr eigener Erlöser handeln will, mit dem Ziel, diese Erde zum Paradies zu machen. Weder der Streit noch die Sünde, weder der Schmerz noch der Tod wird aus diesem ›Paradies‹ verdammt sein. Tatsächlich haben alle bisherigen Umstürze in der Geschichte, aufs Ganze gesehen, nur eine Umgruppierung der Macht und des Unrechts erbracht.«

Der Absolutheitsanspruch einer angeblich »einzigen wissenschaftlichen Weltanschauung« samt ihren auf totale Einheit getrimmten Machtinstrumenten und Transmissionsriemen, die sie überall unterstützten, oder der Kampf gegen Klassenfeinde, den sie in einer Einheitsfront führten, der sie sich zumeist brav unterordneten, führten unter zwei christen- und judenfeindlichen Sozialismen in den totalitären Terror, der uns nun allen nach altem Muster, aber in neuen

Formen sowohl durch den neuartigen kapitalistischen Sozialismus Chinas als auch durch den Islam, speziell durch den Islamismus, erst noch richtig bevorsteht.

Gut erkannte und beschrieb das der in der DDR als Künstler- und Bonzensohn sozialisierte Hans Noll, der heute den Vornamen Chaim trägt und als jüdischer Gelehrter und Schriftsteller in Israel lebt: »Die Identität beider Bewegungen beruht darauf, erklärte Konterform zu etwas bereits Bestehendem zu sein, beide sind daher – strukturell gesehen – strikte Konzepte der Abgrenzung. Der Islam vollzieht diese Abgrenzung vom Juden- und Christentum, der Marxismus vom europäisch-bürgerlichen Denken, aus deren geistiger Substanz sie sich nährten und die sie nun ›überwinden‹ und obsolet machen wollen. Schon die Kinder in beider Lehren Herrschaftsbereich werden dazu erzogen, dass sich die Menschheit in zwei feindliche Parteien spaltet, hier in ›Genossen‹ und ›Gegner‹, dort in ›Gläubige‹ und ›Ungläubige‹. Ein eindimensionales, aber alle Bereiche des Lebens durchdringendes Freund-Feind-Schema bestimmt das Denken derer, die der jeweiligen Lehre verfallen.«

Unser Kreuz ist es wohl, dass wir als Menschen in der Masse, als nonkonforme Individuen in einer pluralistischen Gesellschaft nicht in der Lage sind, aus der Geschichte zu lernen, da der Satan schlau genug ist, uns immer wieder neue Totallösungen unserer so heimlichen wie unheimlichen Heilserwartungen unter dem

Anspruch der neuesten wissenschaftlichen Erkenntnisse und unter Ausnutzung des jeweils modernen Zeitgeistes anzubieten. Und sollten dennoch Zweifel aufkommen, weil wir die biblische Gebrauchsanweisung des Lebens nicht richtig verstehen und wir uns vertrauensvoll wegen unberechenbarer Nebenwirkungen an seelsorgende Ärzte oder Apotheker wenden, werden wir zumeist enttäuscht. Entweder versuchen sie, uns ihre Über-Zeugung unterzujubeln, oder sie verwirren uns mit zu simpler Frömmigkeit, die sie hinter verschiedenen Masken oft nur vorspielen.

Wer uns überzeugen will, dem sollte mit Heidegger geantwortet werden: »[…] jede Philosophie, als Sache des Menschen, […] misslingt«, denn »Gott braucht keine Philosophie«. Und Theologie? Im Sinne des Theologen Rudolf Bultmann erlangt das »Reden von Gott« (die »Lehre von GOTT«) nur eine Bedeutung, wenn das fragende Subjekt mit einbezogen ist, wenn ich gleichfalls aus meiner existenziellen Lage und meinem persönlichen Verhältnis heraus zu dem, was auf verschiedene Weise als GOTT zerredet, verschwendet oder verschwiegen werden kann, ausgehen darf. Glaube, Liebe und Hoffnung samt eingeschlossener Sünde ist empirisch-rational schlecht beizukommen, aber gut beizuwohnen, wenn in uns wenigstens ein Schlupfwinkel davon ausgefüllt bleibt.

Wer sich glücklich wähnt, mit sich und seinen Nächsten im Reinen ist und dankbar die Welt umarmen möchte, sollte trotzdem nicht vergessen, dass das Leben als ein Wunder stets gefährdet und niemals vollkommen ist. Wer stets mit der Welt hadert, sich selber nicht liebt und achtet, aber auf Machthaber, Politiker und wirkungsmächtige Autoritäten alle Hoffnungen setzt, wird an seinen sich anhäufenden Enttäuschungen nur verbittern. Noch schlimmer sind die Gutmenschen dran. Sie sind überzeugte Humanisten, spenden und kümmern sich gern um Tod und Teufel, zumal um alles, was ihnen über die Medien als Objekte des Mitleids, des Elends und unmenschlicher Verhältnisse vorgesetzt wird. So organisieren sie gern Mitgefühl und Hilfe, um irgendwo in der weiten Welt die Verhältnisse so voranzubringen, wie sie diese für sich selber beanspruchen, damit sie ihr Stückchen Kuchen im trauten Heim noch mit Genuss verzehren können. Sie wünschen gern, die Gesetze der Ungleichzeitigkeit beseitigen zu können. Sie wünschen ohne marxistische Heilsversprechungen trotzdem gern das Paradies auf Erden. Aber sie sind realistisch genug, deshalb wollen sie nur ihr Bestes tun, die Welt wenigstens etwas zu verbessern.

Deshalb sammeln sie für die Ärmsten der Welt in Afrika oder Asien, in den Flüchtlingslagern im Nahen Osten oder in Südamerika Spenden ein, alles unter der christlichen Losung: »Liebe deinen Nächsten wie dich selbst!« Freilich, der Mensch ist im Ebenbilde GOTTES geschaffen; wer also einen Menschen schmäht, der schmäht GOTT. Aber der Nächste kann keiner sein, der mir nicht nahesteht, sondern nur über die Fernseh-Medien vermittelt wird. Jeder Fremde, auch der innerlich fremde Nachbar, ist mein Nächster, wenn er in meiner Lebenssphäre wohnt. Das ist eine große, wenn auch mitunter vergebliche Herausforderung, solch einen tatsächlich Nächsten zu lieben, zu achten und zu helfen, wo ich nur kann. Ansonsten zementieren wir die Tatsache, dass die Armen der reichen Länder die Reichen der armen Länder subventionieren.

Dem totalen Krieg geht totalitäres Denken voraus

Es ist eine unverschämte Anmaßung sogenannter Gutmenschen, so zu tun, als könne man alle Menschen lieben. Die Wahrheit Carl Schmitts – »Wer Menschheit sagt, will betrügen« – erweist sich stets aufs Neue. Angesichts weltweiter, nicht etwa abstrakt, sondern brutal geführter Verteilungskämpfe, die unter den humanitärsten Sprüchen geführt werden, lässt sich vermuten, dass wirkliche Kommunikation wahrscheinlich nur zwischen Mitmenschen, deren Glauben wir teilen, einigermaßen möglich ist. Der Austausch zwischen Nicht- oder Andersgläubigen kann und sollte auf dem Markt stattfinden. Ihn fair zu gestalten, bleibt eine weltweite Herausforderung, die nur sinnvoll wäre, wenn nicht die ganze Welt mit einem Einheitsbrei von Konsumartikeln, Kunstprodukten und Architektur nach dem Geschmack der euro-amerikanischen Zivilisation überflutet wird, sondern die Vielfalt an Sprache, Folklore, eigener Kultur und Lebensweise gepflegt würde. Das zu wünschen klingt gut, ist aber illusorisch, denn es hat zu jeder Zeit »Lokomotiven« der Zivilisation gegeben, die andere Kulturen niederwalzten, selbst in ihren eigenen Bundesstaaten.

»Wenn ich für Deutschlands Wiedergesundung bin«, sagte der Privatgelehrte Günter Maschke, den Habermas als »den einzigen echten Renegaten der 68er« bezeichnete, »dann amerikanisiere ich mich nicht mit dementsprechenden Pullovern, den entsprechenden Aufschriften und dröhne mich nicht mit dieser Musik voll. Ich firmiere nicht in Englisch, was ja nun wirklich die Sprache des Feindes ist. Und laufe nicht herum, wie in einem amerikanischen Slum. Unsere Gesellschaft von Feigen und Rückgratlosen muss natürlich täglich neu den toten Hitler besiegen.«

Weder das Gerede von der »einen Welt« noch die Verabsolutierung der demokratischen Staatsform führt ins Paradies der Freiheit und Gleichheit aller Brüder und Schwestern. Es waren schließlich christliche Nachbarstaaten und demokratische dazu, die Deutschland nach dem Ersten Weltkrieg das Versailler Diktat aufnötigten, das den Keim des Zweiten Weltkrieges bereits in sich trug. Auch besteht das Wesen der Demokratie keinesfalls darin, wie Habermas einst meinte, »dass sie die weitreichenden gesellschaftlichen Wandlungen vollstreckt, die die Freiheit der Menschen steigern und am Ende vielleicht ganz herstellen können«. Jede totalitäre Endvorstellung mündet, wenn sich die Tatmenschen dazu hergeben, in der Knechtschaft, wenn nicht gar im totalen Krieg.

Die Welt, die wir nicht geschaffen haben, sondern als durch unzählige Generationen gestaltete jeweils vorfinden, ist nach Maschke »als ein höchstens in einigen Modalitäten zu veränderndes, jedoch grundsätzlich hinzunehmendes Pluriversum zu sehen, ist ein Privileg von Konservativen und sogar von Reaktionären, begnügen sie sich mit Gehorsam und fordern nicht innere Zustimmung.« Hier finden sich die eigentlichen Toleranten, während die Progressisten, sind sie auch nur in Maßen konsequent, »von demokratischer Herrschsucht leidenschaftlich zerfressen« (Clausewitz), sich von den im heutigen Sinne Totalitären nur so weit unterscheiden, wie sich ein Ei vom anderen unterscheidet.

Das Problem der Gutmenschen ist vor allem ihre Naivität gegenüber dem Bösen in uns und also gegenüber dem Teufel, dem Verwirrer, dem »Gott dieser Welt«, den sie als angeblich überflüssige Figur gern ins Kasperletheater oder in die Mottenkiste verbannen. Deshalb fallen sie, ganz dem Guten verfallen, immer wieder auf den Antichrist herein, wie er zum Beispiel in Wladimir Solowjews *Kurzer Erzählung vom Antichrist* als der Herr der Welt erscheint und unter dem Jubel der Massen Wohlstand für alle, ewigen Frieden – gesichert durch seine Weltarmee –, Förderung von Humanität und Kultur sowie die Trocknung aller Tränen verkündet.

Christentum darf nicht mit der Idee des Guten, Antichristentum nicht mit der Idee des Bösen gleichgesetzt werden, das greift zu kurz, denn der Begriff »Antichrist« wurde gerade als Ausdruck für die Gefährdung der leichtgläubigen, auf die eigene Kraft vertrauenden, die Menschwerdung und damit Leidensfähigkeit GOTTES ablehnenden Christen geprägt. Wo Christen sich im Besitz der Wahrheit wähnen und diese zur Definition der Feinde ihres Glaubens handhaben, neigen sie dazu, ihre Religiosität mit Christus selber zu verwechseln und seine Herrschaft durch ihre Macht- und Wahrheitsansprüche abzubilden. Das wird im Neuen Testament als Abfall von Christus, als fehlendes Grundvertrauen in seine eigene Wirksamkeit charakterisiert. Wer als Christ seinen eigenen Ungehorsam und Unglauben gegen die Alleinherrschaft Jesu Christi nicht erkennt und bekennt, der ist dem Antichristentum faktisch schon verfallen.

Hans Urs von Balthasar, der zu den bedeutendsten Theologen des 20. Jahrhunderts gezählt wird, fragte kurz und bündig: »Was dürfen wir hoffen?« Er gestand, dass er zu der Streitfrage, »ob man, unter dem Gericht stehend, als Christ, für alle Menschen hoffen kann«, es gewagt habe, »dies zu bejahen«, sodass er deswegen recht unsanft »zur Ordnung gerufen worden« sei. In einer anderen Publikation erwehrte er sich jener, die seine »Worte immerfort dahin verdreht[en], dass, wer das Heil für alle seine Brüder und Schwestern erhofft, ›die Hölle leer hofft‹ (was für ein Ausdruck!). Oder dass, wer eine solche Hoffnung ausspricht, die von der Kirche verurteilte ›Allerlösung‹ (apokatastasis) lehre, was ich ausdrücklich zurückgewiesen habe: wir stehen ganz und gar unter dem Gericht und haben kein Recht und keine Möglichkeit, dem Richter vorweg in die Karten zu schauen. Wie kann einer Hoffnung mit Wissen gleichsetzen?«

Natürlich war Balthasar klug genug, sich von der auch vom Papst verworfenen Apokatastasis zu distanzieren, aber er wunderte sich nicht wirklich besorgt, »wenn wir heute allenthalben bei Theologen ein offenes Drängen zur Apokatastasislehre finden«. Das Problem der Gutmenschen, die sich die Hölle leer und den Himmel voller erlöster Menschen wünschen, auch gefüllt mit jenen, die den Menschen auf Erden die Hölle bereiteten, reicht bis in die Spitze der Theologie hinan.

Der Gutmensch als Herz-Jesus-Marxist glaubt gern an die addierte, vorhandene Menschheit und sieht sie schon in »Vernunft« geeint, dabei ignorierend, dass nicht nur jeder Mensch irgendwo und irgendwann immer und immer wieder gegen sie verstößt, ja, verstoßen muss, weil er eben kein nach den Gesetzen der Logik programmierter Computer ist, sondern ein Wesen aus Fleisch und Wut, aus Eifersucht und Blut mit der Gier nach Hab und Gut. Auch sollte nicht unterschlagen werden, dass sich Vernunft oft selber gegen alles Menschliche richtet. Die also »ihrer« Vernunft mehr vertrauen als Gott, der Ursache allen Lebens, leben in Gottesferne dahin. Diese Konsequenz vor Augen führend, konnte Solowjew sagen: »Die Gottheit aufnehmen kann der Mensch nur in seiner wahren Ganzheit, in der inneren Einheit mit allem; folglich ist der wahrhaft vergottete Mensch oder der wahre Mensch-Gott unbedingt kollektiv oder katholisch – die Allmenschheit oder die universale Kirche. Der Mensch, der durch sich selbst, ohne die Kirche, göttliche Bedeutung erlangen will, ein solcher individueller Mensch-Gott ist die Verkörperung der Lüge, eine Parodie auf Christus oder der Antichrist. Der Gott-Mensch ist individuell, der wahre Mensch-Gott ist universal.«

Das sind harte Worte, die uns Individualisten gar nicht schmecken. Aber darüber lohnt sich nachzudenken, denn weder mit der »Vernunft« der Politiker und der alles auf die Spitze treibenden Journaille noch mit der Intelligenz der heutigen Massenuniversität und des sich aus ihr rekrutierenden Personals der »Belehrung, Betreuung, Beplanung« (Helmut Schelsky) lässt sich die Welt retten oder das Böse zum Guten wenden. Wie dann? Nur in und durch sich selber? Wie bescheiden darf ein Christ sich den von Menschen verursachten Problemen der Gesellschaft widmen? Wir können tun, was wir wollen, es wird immer auch falsch sein und andere Wirkungen hervorbringen als die gewollten, eben weil wir keine Götter sind, sondern unvollkommen und sündhaft von Natur aus.

Die Sünde könnte wie der Tod ein Stachel sein, der uns das Leben erst würdigen lässt. Nur zwischen Polaritäten und Widersprüchen, die auch in der Bibel zu finden sind, entstehen Spannungen, die zur Bewegung treiben oder verführen; und Bewegung ist zwar nicht gleich Leben, aber Leben ohne Bewegung ist keins, jedenfalls kein menschliches. Da das Leben immer lebensgefährlich bleibt, also ambivalent, ließe sich einreden, alles, was und wie es ist, ist gut. Dann gäbe es wahrscheinlich eine Theodizee ohne den Begriff des Bösen. Denn: »[...] kann ein Gott, der ewig das sündige Leben straft, das er selbst geschaffen hat, wirklich die Zweifel an einem Gott besiegen, der ewig das sündige Leben straft, das er selbst geschaffen hat?«

Besonders der Mensch, der sich wie Luther und nach ihm zu Christus bekennt, erlebt diesen irdischen Gegensatz bewusst bis hin zur Schmerzgrenze: »Ein Christenmensch ist ein freier Herr über alle Dinge und niemand untertan. Ein Christenmensch ist ein dienstbarer Knecht aller Dinge und jedermann untertan.«

Wir sind zerrissen zwischen Geist und Seele, Religion und Politik, Hingabe und Zurücknahme, Trieb und Vernunft, ein Wesen zwischen GOTT und Tier, ja, das sind wir, doch jeder in einer anderen, einmaligen Zusammensetzung. Die eigene »biblische Geschichte« lässt sich nicht im Vorhinein deuten, sowenig sich von vornherein ein sinnvolles Leben erschließen oder gar beschließen lässt. Sinn und Bedeutung lassen sich erst ab einer gewissen Reife herausfinden, also erst gegen Ende eines Lebens. Dann lässt sich, sofern der Verstand noch wach ist, begründet hoffen, dass das Leben insgesamt, also über das je meinige hinaus, weiterführt. Wohin, zu welchem Ziel? Das allein weiß GOTT. Er muss es wissen, denn Er kennt unsere Leistungen und Sünden von A bis Z, weil Er außerhalb unserer Zeit als Zeichen seiner unbestrittenen Allwissenheit Vergangenheit, Gegenwart und Zukunft zugleich überblicken kann. Er weiß von allen und allem zu aller Zeit alles. Aber das nützt ihm wenig. Wir jammern und klagen, wir sündigen und sind anmaßend wie in den Zeiten des Alten Testaments; der Neue Bund oder der Opfertod seines eingeborenen Sohnes haben uns weder klüger und göttlicher noch dankbarer werden lassen. Oder doch? Wir bleiben uns selber genauso ein unlösbares Rätsel, wie GOTT uns ein gefährliches Geheimnis bleibt. Demgegenüber steht das Banale, das zwar die Welt nicht erschüttert, aber sie erhält. Doch Glaube, Hoffnung und Liebe, symbolisiert durch das Kreuz, den Anker und das Herz, stützen auch den Zweifler, den modernen Menschen, der die Zerstreuung sucht, aber irgendwann entdeckt, dass wir nicht die Schöpfer der Welt, sondern zumeist unausgefüllte Geschöpfe sind mit dem Auftrag, GOTT mehr zu gehorchen als den Menschen.

Glaube, Hoffnung, Liebe – Religion in einer zerfallenden Gesellschaft

Sind jene, die vom Glauben ebenso enttäuscht wurden wie von der Liebe, noch zur Hoffnung fähig? Hat derjenige, der nichts mehr zu hoffen wagt, noch etwas zu befürchten? Ist Furcht nicht auch mit der Ehrfurcht verwandt? Wem sich noch Fragen stellen, der besitzt noch Hoffnungs-Ressourcen. Es heißt also nicht umsonst: Die Hoffnung stirbt zuletzt. Was sich durchaus mit der Beobachtung verträgt, dass Hoffnung oft erst aufblüht, wenn das Leben in uns erlöschen will. Andererseits heißt es in Ovids *Metamorphosen:* »Die Hoffnung ist es, die die Liebe nährt.« Vielleicht erfährt der Sterbende tatsächlich die Liebe? Denn wie sagte Václav Havel so klug: »Hoffnung ist eben nicht Optimismus, es ist nicht der Glaube, dass etwas gut ausgeht, sondern die Gewissheit, dass etwas Sinn hat ohne Rücksicht darauf, wie es ausgeht.« Das Leben geht schließlich jedem einmal aus, jedenfalls das irdische. Wer da glaubte, nur von seiner Hoffnung leben zu können, wird vor Enttäuschung gestorben sein. Aber lässt sich das verifizieren? Gedanklich lässt sich alles durchspielen. Sogar die Logik spielt fast immer mit. Dem Glauben bleibt gar nichts anderes übrig, als etwas zu erhoffen, was in diesem Leben nicht zu erreichen war oder ist. Paulus aber ruft uns zu: »Der Gott der Hoffnung aber erfülle euch mit aller Freude und Frieden im Glauben.« Doch wir sind zynisch genug, seinen berühmt gewordenen Satz in seinem ersten Brief an die Korinther in einer zeitgemäßen Variation zu zitieren: »Nun aber bleiben Glaube, Hoffnung, Liebe, diese drei; am größten jedoch neben ihnen ist der Mammon.« Denn, so lässt sich lässig fragen: Was verstehen wir noch von Liebe? Geld regiert die Welt! Oder das Kapital, wie die Marxisten glauben, die angeblich nichts vom Glauben halten. Aus dem demokratischen Radio schallt es: »Nur wer mitspielt, kann gewinnen!« Woche für Woche hoffen Millionen Menschen, einen Lotto-Jackpot zu knacken und einen zigfachen Millionengewinn einstreichen zu können.

Bei Theologen – und Paulus war bekanntlich der erste unter den Christen – soll man sich im Gegensatz zu gläubigen Menschen keine falschen Hoffnungen erlauben. Es genügt, sich die richtigen zu machen. Bei allem Ernst wird der Spaß an der Sache nicht ausbleiben, denn die Rolle der Religion in einer säkularisierten und deshalb individualisierten Gesellschaft macht vielen Fragen Platz und lässt zugleich hoffen, dass wir unseren Nachfahren noch viele Rätsel vererben, und zwar mehr als jemals zuvor. Aber Gedanken sollte man sich jederzeit machen und machen dürfen, auch leichtsinnige, die uns das Leben schwermachen, weil sie immerzu Konsequenzen fordern, die wir nicht einzulösen bereit oder in der Lage sind. Eigentlich sind wir ja aufgeklärt. Wer zitiert nicht gern einen gewissen Immanuel Kant »aus Kaliningrad«, der einst noch in Königsberg seinen gestirnten Himmel über sich, ein moralisches Gesetz in sich sah und fünfmal in zweien seiner Werke den kategorischen Imperativ formulierte. Dessen Herleitung ist so brillant wie allgemein aus der Vernunft abgeleitet, dass dieser Imperativ für alle vernünftigen Wesen gelten könnte, wenn – verdammt noch mal! – endlich alle Menschen jederzeit vernünftig wären oder wenigstens würden oder werden wollten. Da gäbe es auch keine arbeitslosen Menschen mehr, nur die Teufel wären arbeitslos und also überflüssig.

Oberflächlich gesehen mag schon das Jahrhundert vor Kant als ein optimistisches gelten, weil da noch alles machbar schien. Die Welt glaubte man wie eine Maschine beherrschen zu können, denn man verstand sie so. »Erkennen heißt konstruieren«, heißt es bei Thomas Hobbes. Alles schien kristallklar zu sein in diesem Zeitraum der postulierten Ordnung, denn GOTT, der Schöpfer von Himmel und Erde, pfuschte dem rational denkenden Menschen nicht mehr ins Handwerk, denn er war lediglich noch ein »Ingenieur im Ruhestand« (Frans Hemsterhuis). Der italienische Diplomat und Schriftsteller Baldassare Graf

Castiglione prägte zuvor schon das Bild vom »Homo universale«. Der stolze abendländische Mensch, sich alsbald im fortschrittsgläubigen »Zeitalter der Aufklärung« wähnend, glaubte als umfassend gebildete Persönlichkeit zu wissen, dass er sich mit der Natur in Harmonie befinde. Er, der von GOTT nach seinem Ebenbild Geschaffene, besitze die Befähigung, alles zu erlernen oder zu kennen, was er will. Das gipfelte Jahrhunderte später in der Vorstellung eines neuen Menschen, der nach den utopischen Träumereien eines begabten Zöglings einer deutschen Schule zu Odessa durch den »Prozess des kulturellen Aufbaus und der Selbsterziehung des kommunistischen Menschen« alle »Lebenselemente der gegenwärtigen Künste bis zur höchsten Leistungsfähigkeit« entfalten könne:

»Der Mensch wird unvergleichlich stärker, klüger und feiner werden; sein Körper harmonischer, seine Bewegungen rhythmischer und seine Stimme musikalischer. Die Formen des Alltagslebens werden dynamische Theatralik annehmen. Der durchschnittliche Menschentyp wird sich bis zum Niveau eines Aristoteles, Goethe und Marx erheben.«

So unvorstellbar kindlich-utopisch konnte der zu jedem Gewaltakt bereite Revolutionär Lew Dawidowitsch Bronstein in seinem 1924 erschienenen Buch *Literatur und Revolution* sein, das freilich unter seinem »Künstlernamen« Leo Trotzki erschien.

Hier lässt sich nur noch mit dem Bloch-Schüler Günter Zehm sarkastisch hinzufügen: »Alle Glücks-Utopien sind Todesvisionen.« Sie münden unweigerlich im Totalitarismus, den Václav Havel als ein Kind abendländischer Denkweise erkannte, die alles verwissenschaftlichen und damit auch ideologisieren will. Bei allem Respekt vor dem großen Denker Platon, aber er dürfte schon ein paar Grundsteine zu Kommunismus und Totalitarismus gelegt haben. Kein Wunder, dass Friedrich Nietzsche in ihm, wenn auch in übertriebener Weise, den alten typischen »Socialisten« sah. Wir sollten uns jedoch keinesfalls erhaben dünken mit unserer Wissenschaftsgläubigkeit, denn wir sind Zeugen, wie sich die Wissenschaftstheorie in »eine Art negative Theologie« verwandelt, wie der zuletzt in Jena Philosophie lehrende Günter Zehm erkannte, der zu den wenigen deutschen Geisteswissenschaftlern der Gegenwart gehörte, die noch ein flüssiges Deutsch schrieben. Er folgerte:

»Man hat sich der Einsicht nicht verschließen können, dass die Wissenschaft, je weiter sie fortschreitet, um so ungewisser in ihren Grundaussagen wird. Die Suche nach der ›Weltformel‹, von Einstein bis Hawking, hat längst karikaturhafte Züge angenommen. Unser menschlicher Erkenntnisapparat, so kam heraus, ist ab einer gewissen Dimension gar nicht mehr in der

Lage, makrokosmische oder mikrokosmische Fragen zu lösen, er ist ein Instrument zur Lebensbewältigung hier auf Erden und nichts anderes.«

Der so entschieden die menschlich-utopische Anmaßung zurückweist, fordert trotzdem wie einst der dänische Philosoph Søren Kierkegaard im Denken den Einsatz der ganzen Existenz, ohne sich selber als Existenzialist zu verstehen, denn ohne Leidenspreis bleiben unsere angelesenen oder wie auch immer gewonnenen Erkenntnisse oberflächlich, sind also genau betrachtet: austauschbar, beliebig. Zehm, sich damals noch als Marxist verstehend, war von seinem Meister Ernst Bloch schon als Student zum »Kollegen« ernannt worden, was ihn jedoch nicht davor bewahrte, 1957 in der Folge des Ungarnaufstandes und unberechtigter Hoffnungen auf eine Entstalinisierung in der DDR verhaftet und zu vier Jahren Zuchthaus verurteilt zu werden, während die deutschen Gartenzwergstalinisten den weltbekannten prinzipiellen Hoffnungs-Marxisten Bloch zwangsweise emeritierten und gewissermaßen außer Landes trieben.

Zehm promovierte nach seiner Haftentlassung und Flucht in den Westen an der Frankfurter Schule durchaus kritisch über Jean-Paul Sartre, als dieser noch daran festhielt, dass die kommunistische Partei die einzige Repräsentantin des Proletariats und dieses wiederum die einzige Hoffnung aller Intellektuellen sei. Trotz solcher und anderer peinlicher Irrtümer blieb Sartre, weil wir alle nur unvollkommene Geschöpfe sind, eine der Lichtgestalten im 20. Jahrhundert, vor allem durch seine existenzialistische Freiheitsphilosophie. Zum Glück kann und darf es nicht ausbleiben, dass kritischer Nachwuchs respektlose Fragen stellt. So wurde Sartre zum Beispiel durch die 1964 in Washington geborene Jüdin und Publizistin Anne Applebaum in einem gewagten Vergleich bloßgestellt:

»So nahm der Ruf des deutschen Philosophen Martin Heidegger schweren Schaden, weil er den Nationalsozialismus kurze Zeit offen unterstützt hatte, und dies bevor Hitler seine großen Verbrechen beging. Dagegen litt der französische Philosoph Jean-Paul Sartre überhaupt nicht darunter, dass er in der Nachkriegszeit, als jeder, der sich dafür interessierte, bereits genügend über Stalins Grausamkeiten wissen konnte, die Sowjetunion lautstark verteidigte.«

Genauso despektierlich werden einmal unbefangen nachfragende Generationen in der Zukunft die Impertinenz des rufmordenden Terrors selbsternannter Gutmenschen geißeln, die einen Denker wie Günter Zehm ungestraft ins »Lexikon des Rechtsextremismus« verorteten und dabei ins Abseits stellen durften. Man muss sich das nur einmal bewusst machen, wie hier und heute in einer Demokratie moderne Hexenjagd und Teufelsaustreibung betrieben wird: Ausgerechnet Persönlichkeiten, die ihren marxistischen Jugendirrtum mit harten, wesentlichen Erfahrungen bezahlten und auf deren Erkenntnisse keine Nation, die sich noch Zukunft gönnt, verzichten kann, dürfen so unbedarften wie zumeist hochdotierten Ideologen als Freiwild dienen. Hier drängt sich das apodiktische Dichterwort des Büchner-Preisträgers Wolfgang Hilbig auf: »[...] es ist / eine Zerstörung wie sie nie gewesen ist«. Oder lassen wir Zehm selbst zu Wort kommen:

»Falsche Zeugnisse sind immer Schadenslügen (die sie ablegen, wollen einem anderen schaden), aber sie sind mehr als das, sie wollen den anderen nicht nur in seinem Haben, sondern vor allem in seinem Sein beschädigen, wollen ihn in der Polis unmöglich machen, ihm seine Ehre abschneiden, ihn als einen Schuft oder zumindest als dubiose Figur hinstellen, der man nicht trauen darf. Im Großen und Ganzen ist das, was das Gebot als falsches Zeugnis verurteilt, identisch mit Verleumdung. ›Du sollst nicht verleumden‹, aber dies würde den Tatbestand nicht ganz umfassen. Es kommt noch etwas hinzu, die sogenannte Denunziation.«

Ja, es ist eine Zerstörung menschlichen Anstands, gleichfalls eine kulturelle Zerstörung mitten in einem kalten, geschäftlichen Frieden, ausgehend von den »Kräften des Fortschritts«, dem Abschaum selbstgerechter Aufklärung, also marxistischen Prinzipienreitern und ihren sich bürgerlich und liberal gebenden Helfershelfern, die es gar nicht wissen wollen, dass sie marxistisch ferngesteuert sind und apokalyptischen

Kolonnen den Weg bereiten. Ein weiterer, sich immer mehr ins Zentrum unserer ohnehin entwurzelten Daseinsweise drängender Aspekt kommt hinzu, auf den Zehm in einem Vortrag vor der Evangelischen Bruderschaft St. Georgs-Orden im November 2005 in Neudietendorf hingewiesen hat: »Heute ist es in erster Linie der Islam, in dem Zelotentum und fanatischer Bekehrungseifer brennen, während sich in traditionell christlichen Gegenden missionarische Ermattung und Kleinmütigkeit breitmachen.«

Doch in erster Linie hat Zehm in seinem Ethik-Buch *Das Böse und die Gerechten* den Kommunismus auf brillante und kürzeste Weise dermaßen kurz und klein gelegt, dass es nachvollziehbar wird, wie ein 1933 geborener und in einer sächsischen Textilindustriestadt aufgewachsener Abteilungsleitersohn den Nationalsozialismus durchs Land rasen und die hektische Hoffnung und den oft verzweifelten Glauben der Erwachsenen an den großen Führer spürt, aber dann vor allem »Bombenangriffe, Artilleriebeschuss, Panzervorstoß, fremde Soldaten, den Anblick von widerwärtigen Fleischwunden und das Geschrei entsetzter Frauen« bewusst erlebt und auch schon das schreckliche Ende wahrnimmt: »Antreiberei zur Kriegsproduktion, Massengrab als Erholung, im Frieden Erwerbslosigkeit und Hungersnot als Lohn.«

In solcher Situation wurde für besonders helle Köpfe, die nicht nur nach Antworten, sondern auch nach einer weltverändernden Betätigung suchten, das *Kommunistische Manifest* zum Evangelium.

Ähnlich konnte das ehemalige Politbüromitglied des SED-Staates, Günter Schabowski, argumentieren, der beeindruckt dem Vortrag Zehms zuhörte, als dieser seine Wandlung zum Gegner des Kommunismus und seine Ankunft im Christentum schilderte, der in dem Satz gipfelte: »Wir Christen treten fest in die Stellvertreterschaft Jesu Christi ein.« Der 1929 geborene Schabowski nahm während des Neudietendorfer Konvents im St. Georgs-Orden wohl das erste Mal als Erwachsener an einem Abendmahl teil.

Alle sind in biblische Geschichten verstrickt

Ein Glaubenswechsel kann faszinierend und wunderbar sein. Er bedeutet jedoch, wenn er echt ist, zumeist den radikalen Bruch mit Gewesenem und Gewohntem, mit dem bisherigen Denken wie mit der eingefahrenen Lebens- und Empfindungsweise, mit der Familie und Freunden, verbunden zuweilen mit Gefahr für Leib und Leben. In mancher jüdischen Gemeinde wurde Mitgliedern, die zum Christentum konvertiert waren, das Totengebet gesprochen. Ein mit dem Tod zu ahnendes Verbrechen ist der »Abfall« vom wahren Glauben jedoch noch heute in den meisten islamischen Ländern. Ebenso erbarmungslos gingen die Kommunisten, wo sie die Macht dazu hatten, mit Abweichlern, Dissidenten, Renegaten oder Revisionisten um – man denke nur an den während der Entspannungspolitik 1981 hingerichteten Stasi-Offizier Werner Teske, der in den Westen überlaufen wollte, aber schließlich Abstand davon nahm und trotzdem das Todesurteil erhielt.

Die Richter überredeten Teske, ein umfassendes Geständnis abzulegen. Ausführlich legte Teske seine verworfenen Fluchtpläne offen. Dann bat er: »Ich bitte den hohen Senat bei seiner Urteilsfindung, mir die Chance einzuräumen, eben noch einmal die Möglichkeit zu geben, ein Leben mir einzurichten, in dem ich voll den gesellschaftlichen und gesetzlichen Normen der DDR entspreche.«

Er wurde in Leipzig mit nacktem Oberkörper, die Arme dabei mit einer Art Lederriemen über der Brust gefesselt, in den Hinrichtungsraum gebracht und hinterrücks mit einem Schuss in den Kopf getötet. Anschließend fälschte der anwesende Arzt den Totenschein und vermerkte wie üblich: »Herzversagen«. Dann wurde der Tote anonym auf dem Leipziger Südfriedhof bestattet. Die Angehörigen erfuhren davon nie etwas. Auch letzte Briefe, die geschrieben wurden, erreichten die Angehörigen, falls noch welche aufzufinden waren, erst nach dem Zusammenbruch dieses »humanen« Systems, in dem ein Mann wie Stasi-Chef

Erich Mielke in den 1980er Jahren noch schwadronieren konnte:

»Wir sind nicht davor gefeit, dass wir einmal einen Schuft unter uns haben. Wenn ich das schon jetzt wüsste, würde er ab morgen nicht mehr leben. Kurzer Prozess. Weil ich ein Humanist bin. Deshalb habe ich solche Auffassung. [...] Das ganze Geschwafel von wegen nicht Hinrichtung und nicht Todesurteil – alles Käse, Genossen. Hinrichten, wenn notwendig auch ohne Gerichtsurteil.«

Zwanzig Jahre später hatte die dänische Universität Odense zu einer Tagung zur Aufarbeitung der Geheimdienstarbeit im Kalten Krieg eingeladen: Als dort Jürgen Strahl das Wort ergreift, »kommt Stimmung auf«. Der ehemalige West-Agent, der später zum Hauptmann der Stasi aufstieg und heute Rechtsanwalt sein darf, beantwortet eine Frage aus dem Publikum nach der Rechtfertigung der Hinrichtung 1981 seines Stasi-Kollegen Werner Teske, ohne zu zögern:

»Haben Sie den Stauffenberg-Film nicht gesehen? Wer Verräter ist, erschießt sich selbst oder wird erschossen.«

Gab es Protest aus den Reihen der dort versammelten Stasi-Offiziere, die sich doch gern als »Kundschafter des Friedens« bezeichneten? Natürlich nicht, im Gegenteil. Die Worte ihres Genossen Hauptmann wurden mehrheitlich begrüßt. »Draußen vor dem

Saal«, so die *Berliner Zeitung,* gratulierten »ihm seine Genossen zu diesem historischen Vergleich« und riefen: »Gut gemacht, dass musste ja mal einer sagen.«

Carl-Wolfgang Holzapfel, der in West-Berlin aufwuchs und wegen seiner ständigen Angriffe gegen die Berliner Mauer bekannt wurde und dafür auch zu acht Jahren Haft in der DDR verurteilt worden war, brachte es auf den Punkt: »Hier haben verantwortliche Träger des einstigen Unrechts-Staates dreist und frech ihre bisher aufgesetzte Maske des Antifaschismus fallen lassen und Nazi-Unrecht unverblümt mit ihren eigenen Unrechts-Handlungen gleichgesetzt!«

Wir Menschen, wenn man es einmal so ganz allgemein sehen will, scheinen aus einem Sack voller Lügen zu bestehen oder, wie es der Jurist und Philosoph Wilhelm Schapp meinte, »wir sind das Ensemble unserer Geschichten«. Alle sind also irgendwie in ihre eigenen biblischen Geschichten verstrickt, aus denen unsere Machwerke hervorgehen, die aber dennoch das mechanische Ablaufen vorhersehbarer Ereignisse verhindern. Erst was erzählbar ist, kann zur Geschichte gedeihen, denn wo die »modernen Versachlichungen«, so der skeptische Philosoph Odo Marquard, »die Geschichten ausklammern, werden die Geschichten – zum Ausgleich – gerade festgehalten und zentralisiert: die moderne Welt ist zugleich die Welt der Geschichtslosigkeit und die Welt der – kompensatorischen – Vergeschichtlichung.«

Wie lässt sich das deuten? Sind wir durch Aufklärung, Wissenschaft und Technik zu desintegrierten Wesen einer nur noch fragmentarisch erfahrbaren Geschichte geworden? Zersetzt die segensreiche Arbeitsteilung, die uns einerseits Wohlstand verschafft, andererseits zu Spezialisten und Funktionären bürokratischer Abläufe, also in eine Kümmerform des Homo sapiens herabwürdigt, die angestrebte Einheit der Persönlichkeit, die vorstellbare Identität unseres Subjekts? Und was ist das einigende Band zwischen Individuen? Konkurrenzkampf, ewiger Streit unter Demokraten oder der »innere Halt an der christlich-humanistischen Überzeugung von der einen Zivilisation und vom einen Menschen«? Nein, das ist keine Alternative, denn der moderne Mensch in der Masse muss die Balance halten zwischen diesen Notwendigkeiten. Schlimm wird es nur, wenn der Mensch glaubt, auf seine traditionelle Religion verzichten und auf sie verächtlich herabsehen zu können.

Die fortschreitende Intellektualisierung und Individualisierung bei gleichzeitiger Verblödung und Verrohung kultur- und religionsfremder Ausländer und entwurzelter Kinder aus den Paarungen von Drogenkonsumenten oder verarmter Schichten bringen ohne Verankerung in einer echten Religion, also im Gegensatz zu einer politisch-ideologisch aufgemotzten Ersatzreligion, nur eine zumeist fanatische Hinwendung zu den »Sozialreligionen« (Alfred Weber) zustande, wie sie Nationalsozialismus, Realsozialismus, Kommunismus, Islamismus und andere Utopismen und Brühwürfel-Buddhismen verkörpern. Ältere Gutmenschen, die schon zu viele Enttäuschungen mit solchen Ismen erlebt haben und trotzdem zu keiner Umkehr bereit sind, können auch folgerichtig in einen zynischen Nihilismus abgleiten. Alle guten Absichten, seinem Leben einen humanen Sinn zu geben, müssen in den tiefsten und zugleich dunkelsten Schichten unseres Menschseins, nämlich im Geistig-Moralischen, getroffen werden.

Um in diesen inneren Wesenskern vorstoßen zu können, muss man Stollen graben und massenhaft Schutt abtragen. Man kommt auf diese anstrengende Art zwanglos zu seinem Ego, aber rutscht bald wieder aus sich heraus in die verwirrende Vielfalt der Oberfläche. Das Innere ist uns zu heiß und zu heikel. Lieber mit Immanuel Kant in den gestirnten Himmel geblickt und das moralische Gesetz in sich gefühlt, als ewig, gar noch mit Gewalt, das Paradies auf Erden erzwingen zu wollen. Beides verändert die Welt nur zum Schlechten, nämlich zur Potenzierung der Selbstvernichtungsmöglichkeiten.

Und doch gibt es wohl keinen körperhafteren Vorfall auf Erden, wo sich diese urchristliche Trias, »Glaube, Hoffnung und Liebe«, gewissermaßen beispielhaft umsetzt in Wirklichkeit, sowohl dem, dem es geschieht, als auch denen, die es miterleben und bestätigen können.

Schabowski, der sich keinesfalls als Christ ausgab, bedauerte, dass er nicht früher zur Wandlung fähig gewesen oder genötigt worden war. Doch für einen Christen gibt es kein »zu spät«, selbst wenn das vorangegangene Leben voller Sünden und Bosheiten oder gar Verbrechen war. Reue und Umkehr heißt das Zauberwort. Wir haben nicht zu richten, sondern uns zu freuen über jeden Sünder, der seine Sünden bekennt und weiß, dass unser Leben auf Gnade beruht. Wendehälse und Heuchler können zumeist schon zu Lebzeiten durchschaut werden, denn an »ihren Früchten werdet ihr sie erkennen«.

Schabowski, der als Einziger von den wegen »Totschlag und Mitverantwortung für das Grenzregime der DDR Verurteilten« seine Strafe annahm und sich bei den Opfern glaubwürdig entschuldigte, schrieb in einem Brief an Ulrich Schacht, den damaligen Leiter der Evangelischen Bruderschaft St. Georgs-Orden: »Mit Respekt sehe ich auf Ihr geistliches Engagement.

Dass ich das heute kann, ist ein Stück der Freiheit, die ich seit 1989 gewonnen habe. Begriffe wie Gott, Gläubigkeit, Religion lösen in mir längst nicht mehr jenes abschätzige Misstrauen aus, wie ich es anfänglich noch in die neue Zeit mit hinübergenommen hatte. Ich war bis zum kläglichen Ende in dem Erkenntnis- und Machbarkeitswahn namens Kommunismus befangen gewesen. Das Scheitern war hilfreich. Die Fußtritte der friedlichen Revolution, die mich damals aus diesem geistigen Verlies trieben, versetzten mich in den Stand, das Irrationale dieser Weltverbesserungsideologie zu begreifen. Was Goya noch nicht wissen konnte: Seit Marx war es keine schlafende, sondern eine geschäftige Ratio, eine sozial und human bemühte ›Vernunft‹, die Ungeheuer gebären sollte.«

Nun ist der mittlerweile verstorbene Gründer der Bruderschaft, dem Schabowski diese Sätze schrieb, nicht irgendein religiöser Sektierer gewesen, ein weltabgewandter Großkomtur frommer Gedanken, sondern einer, der von sich sagen konnte: »Wenn jemand im Knast geboren wird, scheint ihm seine Biografie vorgegeben zu sein.« 1951 kam Schacht im sächsischen Frauenzuchthaus Hoheneck zur Welt, wo seine Mutter als »Politische« einsaß, und dies lediglich, weil sie gern einen sowjetischen Offizier heiraten wollte. Dieses illegale Kind deutsch-sowjetischer Freundschaft, das ausnahmsweise einmal nicht durch Vergewaltigung zustande gekommen war, sondern durch

Liebe, verdiente sich als Erwachsener selber seine Zuchthaus-Portion, verurteilt zu sieben Jahren wegen »staatsfeindlicher Hetze«. Nach seinem Freikauf in den Westen 1976 wurde er bald ein angesehener Kulturjournalist der zu Lebzeiten Axel Springers noch verpönten »Springer-Presse«, trat als Lyriker und Schriftsteller in Erscheinung, bevor er Deutschland 1997 in Richtung Schweden verließ. Es handelt sich um den mehrfach ausgezeichneten Journalisten, Dichter und Schriftsteller Ulrich Schacht, der freilich in diesem, unserem Land ebenfalls ins *Handbuch Rechtsextremismus* hineindenunziert wurde, ausgerechnet von den sogenannten 68ern und deren Eleven.

Mit Gewalt, Terror und Fanatismus gegen demokratische Strukturen, die uns die westlichen Siegermächte aufgrund der Stärkung eigener Traditionen ermöglichten, bekämpften sie, ausgerechnet zu einer Zeit, als Willy Brandt und Helmut Schmidt das Land regierten, unter den mörderischen Phrasen der Führer Marx und Mao den angeblich latent noch vorhandenen Faschismus. Sie wollten das im NS-Regime »versäumte Neinsagen durch heutiges Neinsagen nachholen: den unterbliebenen Aufstand gegen die Diktatur durch chronische Aufsässigkeit gegen die Nichtdiktatur wettmachen«, wie es der skeptische, selber von links herkommende Philosoph Odo Marquard treffend schrieb.

Strafverschärfend kommt jedoch hinzu, dass jene zu spät gekommenen Neinsager die zweite Diktatur in Deutschland, also diejenige, die sie hätten bewusst wahrnehmen und bekämpfen können, nicht nur nicht ablehnten, sondern sich zumeist von den »rotlackierten Nazis«, wie Kurt Schumacher die Kommunisten permanent bezeichnete, einspannen, honorieren und wie im Falle einiger Terroristen sogar in das in jeder Beziehung marode, aber ziemlich exakt durchmilitarisierte und bestens bewachte »Volksgefängnis« namens DDR eingliedern ließen. Weder den Widerstandleistenden noch den Opfern dieser Diktatur, die zum großen Teil »wie Menschenfleisch im innerdeutschen Handel« (Wolf Biermann) freigekauft wurden, brachten sie Verständnis entgegen. Den Opfern wurde 17 Jahre lang, obwohl die meisten von ihnen wegen ihrer zerstörten Lebenspläne und posttraumatischer Haftschäden an der Armutsgrenze dahinvegetieren, eine würdigende und ausreichende Opferpension verweigert, während den Akteuren und Profiteuren des Unrechtsstaates auch im vereinten Deutschland die Privilegien, die sie sich in ihrer Selbstherrlichkeit gönnten, auf Kosten der Steuerzahler weiter gewährt werden.

Schabowski, dessen steile SED-Karriere faktisch 1968 nach einem Studium an der Moskauer Parteihochschule begann, brachte sich von dort seine russische Frau mit, was dem Normalmenschen erst in der Gorbatschow-Ära möglich wurde. Mit Frau Prof. Dr. Beate Neuss (TU Chemnitz) lässt sich respektvoll sagen: »Günter Schabowski ist der Einzige aus der Führungsriege der DDR, dem ein kritisches Überdenken der 40 Jahre Sozialismus auf deutschem Boden überzeugend gelungen ist.«

Die viel wichtigere Seite ist jedoch, dass ehemalige Widerständler und Opfer, die christliche Grundzüge verinnerlicht haben, nicht nachtragend sind, keinen Menschen für immer auf einen ehemals eingenommenen Standpunkt festnageln, und war er noch so verbrecherisch, sondern sich über jede Wandlung freuen, der Reue zugrunde liegt.

Doch in unserem Alltag kommen echte Wandlungen selten vor, weil es heute üblich ist, durch alle Lager und Parteien zu surfen, hinter viele Masken zu schlüpfen, unzählige Rollen zu spielen. Sogar die Geschlechtsumwandlung ist heute kein Problem mehr. Das mag viel mit selbstbestimmter Freiheit zu tun haben, doch wenig mit echter Wandlung, denn diese erfordert Identität und Charakter, setzt einen Kern voraus, der das Ebenbild GOTTES symbolisiert. Wir mutieren immer mehr zu unserer in Zukunft möglichen Klonung als Serienprodukt zweckmäßiger Rationalität und aller daraus resultierenden Missbräuche. Die Selbstverwirklichungsorgie führt genauso zu einer Atomisierung natürlicher Individualität und Autorität, wie es bei der Abrichtung des Menschen zum Kollektivwesen in den von Mullahs oder Marxisten beherrschten Regimes geschieht. Kaum einer verlangt einem heute eine klare Positionierung ab. Das verwaschene Menschlich-Sein oder Demokrat-Sein wird allenfalls angemahnt. Aus dem pluralistischen Multikulti gärt sich jedoch erkennbar eine neue Katastrophe heraus. In Holland und Frankreich platzten die ersten kleinen Blasen dieses ungeheuren Sumpfes, der kaum noch friedlich trockenzulegen sein wird.

Der Kulturanthropologe Gottfried Korff bezeichnete das 20. Jahrhundert, das sich durch gewaltige Brüche kennzeichnete, als ein »Schwellenjahrhundert«, in dem die Sehnsucht nach Idolen, also nach mythisch begleiteten Leit- und Identifikationsfiguren, eine noch nie dagewesene Inflation erreichte. Keine Epoche zuvor habe so viele Vergötterungen gekannt. Erinnert sei hier nicht nur an Stalin, Hitler, Mao, Che Guevara, Castro, sondern auch an Elvis, Max Schmeling oder Greta Garbo – »die Göttliche«, wie sie gar genannt wurde. Glaube, Hoffnung und Liebe sanken auf das schmalzige Niveau der Schlagerindustrie herab. Welch ein Kontrast zu dem zentralen Macht- und Ordnungsprinzip vergangener Jahrhunderte. Könige und Kaiser leiteten in der Regel ihr Recht auf unbegrenzte Herrschaft von einer göttlich-patriarchalen Ordnung ab, in der die heilige Trias »Glaube, Hoffnung und Liebe« allein auf GOTT bezogen wurde, also weg vom Menschen, weg vom alltäglichen Leben, allein auf die Ewigkeit konzentriert.

Im Zuge der Aufklärung und des damit einhergehenden Skeptizismus wurde der Begriff »Glaube« durch den der »Freiheit« ersetzt. Freiheit wurde zum Fundament von allem anderen, doch die Sehnsucht nach »Gleichheit« und »Brüderlichkeit« folgte dem auf dem Fuße. Ein Glaubender hat nichts gegen die Freiheit einzuwenden, nur dass er einen ganz anderen Bezugspunkt hat. Er könnte wie Günter Zehm argumentieren: »Um moralisch zu sein, muss der Mensch frei sein, er muss zwischen Gut und Böse wählen können, jenseits aller bloßen Nützlichkeitserwägungen. Dazu benötigt er einen transzendenten, jenseits unserer Erfahrungswelt liegenden archimedischen Punkt, eben Gott.«

Der Durchschnittspfarrer sagt daher: »Jesus bietet jedem Menschen die Freiheit an. Wer Jesus annimmt, wird erkennen, was wahre Freiheit bedeutet. Er macht den Weg frei zu Gott. Durch ihn kann die Trennung von Gott, das Leben ohne Gott, also der Zustand der Sünde aufgehoben werden. Wenn ich wirklich frei sein will, wenn ich wahre Freiheit erleben möchte, muss ich mich durch Jesus Christus an Gott binden.«

Und wer es noch etwas zeitbezogener schafft, der fragt dann von der Kanzel scheinheilig-rhetorisch in die oft kleine Gemeinde herunter: »Ist das nicht ein Widerspruch? Bin ich dann nicht auch wieder versklavt, ein Sklave Gottes, der tun muss, was Gott sagt? Ja, richtig. Aber was heißt das in diesem Zusammenhang? Der

Pilot, der sich an den Tower bindet, empfindet sich doch nicht als Sklave der Bodenstation. Er weiß, dass er den Kontrollturm braucht, so wie ich weiß, dass ich Gott brauche. Deshalb binde ich mich gern an ihn, weil ich weiß, ich lebe sicher damit. Gott schenkt wahre Freiheit, aber Vertrauen müssen wir ihm schon.«

Liebe contra Gleichheit

Alles daran ist richtig, doch nichts davon überzeugt die Zweifler oder Andersfühlenden. Sagen lässt sich vieles. »Erst aus der Wahrheit des Seins«, schrieb Martin Heidegger 1946 an den französischen Philosophen Jean Beaufret, »lässt sich das Wesen des Heiligen denken. Erst aus dem Wesen des Heiligen lässt sich das Wesen von Gottheit denken. Erst im Lichte des Wesens von Gottheit kann gedacht und gesagt werden, was das Wort ›Gott‹ nennen soll.« Man könnte Heidegger nun schnell als einen Pharisäer bezeichnen, der wie sie auf die Notwendigkeit des Tuns hinweist, aber sich selber nicht zum Handeln durchringen kann. Doch Heidegger konterte überzeugend: »Das Denken handelt, indem es denkt.« Wenn die Heilige Schrift das Tun fordert, so verweist sie uns nicht an unser eigenes Vermögen, sondern an Jesus Christus, der ganz klar sagte: »[…] getrennt von mir könnt ihr nichts vollbringen.« Die Theoretiker trachten danach, das

Wesen von Gut und Böse oder vom eigentlichen und uneigentlichen Sein selber zu erkennen, und nennen diese Übung »Ethik«. Dietrich Bonhoeffer zufolge besteht jedoch die Aufgabe der christlichen Ethik darin, »dieses Wissen aufzuheben«. Warum? Das Wissen um Gut und Böse drücke die »Entzweiung mit Gott« aus, denn um »Gut und Böse kann der Mensch nur gegen Gott wissen«.

Ist die christliche Trias »Glaube, Hoffnung und Liebe« längst durch die von Anfang an blutgetränkte Propagandaformel »Freiheit, Gleichheit, Brüderlichkeit« der französischen Revolutionäre verdrängt worden? In einer Rede über die Organisation der Nationalgarden sprach sich der »Blutrichter der Französischen Revolution«, Maximilien de Robespierre, im Dezember 1790 dafür aus, die Worte »liberté, égalité, fraternité« auf alle Uniformen und die Flaggen zu schreiben. Obwohl das Vorhaben nicht angenommen wurde, dürften diese drei abstrakten Ideen dennoch mit zu den bekanntesten der Welt geworden sein. Doch anstelle des erwarteten Retters ritten die apokalyptischen Reiter heran.

Ist es nur eine Entartung, dass jene Marxisten, die sich am heftigsten auf die Wertetrias »Freiheit, Gleichheit, Brüderlichkeit« beriefen, solche und andere Werte im Blut ertränkten? Die bestialischen Züge der Französischen Revolution führten meines Erachtens notwendig zu den bisher noch nicht überbotenen Massenmorden nationaler oder internationaler Sozialisten, die nicht nur die individuelle Freiheit abzuschaffen trachteten und den Staat zu einem totalitären, militanten und streng isolierten Feudalsystem herabwürdigten, sondern auch jede Brüderlichkeit einerseits durch Volks- und Führerkult, andererseits durch Misstrauen, Spitzelwesen, Angst und Schrecken vereitelten. Die Französische Revolution darf daher mit Fug und Recht als Geburtsstunde des modernen europäischen Totalitarismus bezeichnet werden. Aus dem Kontext der religionspolitischen Kämpfe in Frankreich stammt auch der Begriff »Dechristianisierung«, der in seiner Urform die gewalttätigen Aktionen kleinbürgerlicher Kreise gegen Kirche und Klerus, tätliche und tödliche Angriffe auf Priester und Nonnen, Verwüstungen der Gotteshäuser und Raub kirchlicher Schätze einschloss. »Anhänger der Revolution«, so der Theologe Friedrich Wilhelm Graf, »verwendeten den Begriff zudem zur Beschreibung des Abbruchs kirchlicher Tradition und Sitte, etwa mit Blick auf die Pensionierung oder die Heirat von Priestern. Déchristianisation diente ihnen schließlich auch dazu, die Etablierung des neuen Vernunftkultes der Revolution zu rechtfertigen.«

Haben der Marquis de Sade und Auschwitz wirklich nur wenig gemeinsam, wie die amerikanische Philosophin Susan Neiman in ihrem etwas anderen

Philosophie-Geschichtsbuch *Das Böse denken* meint? Allein schon de Sades Biografie verrät viel von dem Urmuster vieler Revolutionäre, die vorgaben, der Befreiung der Menschheit dienen zu wollen, wobei sie sich lediglich von ihren sadistischen Veranlagungen reinzuwaschen suchten. De Sade wurde aufgrund seiner von ihm selber beschriebenen Sexualpraktiken und der von ihm verursachten gesellschaftlichen Skandale mehrfach inhaftiert. Der Begriff »Sadist« leitet sich nicht zufällig von seinem Namen ab. Vor dem sogenannten Sturm auf die Bastille 1789 schrie er der vor der Bastille demonstrierenden Menge zu: »Sie töten die Gefangenen hier drinnen!« Wahrscheinlich war dieses verlogene Geschrei einer der Gründe, die die Bevölkerung dazu bewegten, die Bastille zu stürmen, die eigentlich ein Gefängnis vornehmer Leute war, die sich wie de Sade selber außerhalb bekochen ließen und ihre Zellen nach Belieben möblierten. Kommt uns das nicht bekannt vor? Verhielten sich die RAF-Terroristen im Westen und die herrschenden Staatsterroristen im Osten wesentlich anders? Und auf welcher Seite standen der Freiheitsphilosoph Sartre oder einige protestantische Pfarrer und Anwälte des Rechtsstaates? De Sade wurde 1790 infolge der französischen Revolution vorübergehend entlassen. Trotz seiner aristokratischen Herkunft schloss er sich den extremistischen Jakobinern an und vertrat eine utopische Variante des Sozialismus, verweigerte dabei allerdings die Aufgabe seines Familienschlosses und die Herausgabe seines Familienvermögens. Unzählige »Salon-Kommunisten«, man denke nur an Karl-Eduard von Schnitzler, Oskar Lafontaine oder sozialistische Gewerkschaftsbosse, taten und tun es ihm nach. Friedrich Schiller, einen wahrhaften Dichter der Freiheit, ekelten nach anfänglicher Sympathie bald »diese elenden Schinderknechte« an. Wie Goethe durchschaute er bekanntlich einen solchen »aufgeklärten Menschen [...] bis zum Teuflischen hinab«.

Das Denken in Kontrasten

Was haben das Teuflische oder der Teufel mit Glauben, Hoffnung und Liebe zu tun? Bereits Charles Baudelaire wies uns darauf hin, »dass es die feine List des Teufels ist, uns einzureden, er existiere nicht.« Abgesehen davon, dass der Autor der berühmten Gedichtsammlung *Blumen des Bösen* von engstirnig frommen Menschen selber als ein moderner Satan gehandelt wurde, dürfte er einer der Ersten unter den Autoren der Moderne sein, der noch heute vielen jungen Dichtern das Symptom der Zerrissenheit unserer Welt verkörpert. Besonders in der Religion, der Kunst und in den Geisteswissenschaften spiegeln sich seit jeher besonders deutlich die Ambivalenzen und Brüche des Lebens wider samt dem Tragischen aller menschlichen

Existenz. In allen drei Sphären muss und darf sich die subjektiv empfundene Zerrissenheit unseres Daseins auf spezifische Weise ein Ventil suchen, um nicht in der sonstigen gesellschaftlichen Zweckrationalität zum Objekt zu erstarren.

Ein reifer Mensch, der schon einiges erlebt hat – was auch heißt, mehrmals verführt und in die Grube gefahren, aber auch gerettet worden zu sein, der es schaffte, mit viel Glück, Gnade, der Hilfe Liebender und einem Anteil eigener Kraft wieder aufzuerstehen –, der neigt schon mehr dazu, die Spaltung des Universums in Gut und Böse als Gegebenes hinzunehmen, also mit der Ambivalenz auskommen zu können. Die Hölle ohne Himmel (oder umgekehrt) ist ihm genauso unvorstellbar wie eine Menschheit ohne Frauen (oder umgekehrt). Dennoch bleibt die Frage offen, ob die Hölle nicht nur ein vom Paradies aus identifizierbarer Ort sei, wie demzufolge auch das Paradies nur aus der Hölle heraus ersehnt, weil nur von dorther vorgestellt werden könne. Ebenso unüberwindbar wie das Entgegengesetzt-Sein zum Beispiel von Gut und Böse, Licht und Finsternis, Himmel und Hölle sind unsere religiösen, oft auch schwankenden Überzeugungen und die Wirklichkeit GOTTES. Wie sollen wir je aus diesem hermeneutischen Zirkel des Religiösen herausfinden? Was wir glauben sollen, können wir nicht wissen, und was wir nicht wissen, können wir uns nicht vorstellen. Aus diesem Zwang zum Verstehen-Wollen des oft und zumeist Unverstehbaren besteht unser Menschsein, seitdem Eva und Adam in den sauren Apfel vom Baum der Erkenntnis gebissen haben. Wir tragen immer irgendeinen Glauben oder Reste davon in uns herum. Was glauben wir wirklich? Wir glauben, unterscheiden zu können, aber jeder sieht hauptsächlich das Seine, aber nicht das Sein, soll heißen: die wahre Wirklichkeit oder wirkliche Wahrheit. Wer ist denn schon in der Lage, den Satan vom Engel des Lichts zu unterscheiden, wenn dieser sich als jener verstellt vorstellt?

Wir sind von der Anlage her schon immer, seit wir auf zwei Beinen stehen und den Kopf oben tragen, getäuschte Täuscher, betrogene Betrüger, belogene Lügner, halb tierisch, halb göttlich, Geworfene und Verworfene, nicht wissend, woher, nicht wissend, wohin, aber alles wissen wollend, ohne Rücksicht auf Vorsicht, aber stets Nachsicht erwartend. Zu jedem Ja findet sich stets das entsprechende Nein ein, soll heißen, alles überlieferte Wissen über den Glauben an einen allmächtigen, unsagbar liebenden GOTT ist eine Botschaft, zu der sich nur der entsprechende Glaube einstellen muss, um die Erfahrungen zu überlisten, weil diese eine andere Sprache sprechen, denn unterm Strich glaubt jeder, selbst wenn er in privilegierten Verhältnissen als Gesunder und Gebildeter unter seinesgleichen lebt, dass sich die Erfahrungen mit Glück und Pech, Gunst und Missgunst, Gesundheit und Krankheit, Tag und Nacht, dem Auf und Ab oder dem

Ein- und Ausatmen und vielen anderen Gegensatzpaaren in etwa die Waage halten. Das bedeutet, dass uns das Symbol »Teufel« genauso bedeutsam erscheint wie das Symbol »GOTT«. Der Gesunde weiß im Gegensatz zum Kranken die Gesundheit nicht zu schätzen, nein, noch schlimmer: er weiß nicht einmal richtig, was der Glückszustand Gesundheit eigentlich bedeutet. Oder mit einem Gedanken Søren Kierkegaards andersherum ausgedrückt: »Der beste Beweis für die Jämmerlichkeit des Daseins lässt sich aus der Betrachtung seiner Herrlichkeit führen.«

Thomas Mann verfasste es etwas komplizierter: »Das Böse trug bei zur Vollkommenheit des Universums, und ohne jenes wäre dieses nicht vollkommen gewesen, darum ließ Gott es zu, denn er war vollkommen und musste darum das Vollkommene wollen – nicht im Sinne des vollkommen Guten, sondern im Sinne der Allseitigkeit und der wechselseitigen Existenzverstärkung. Das Böse war weit böser, wenn es das Gute, das Gute weit schöner, wenn es das Böse gab, ja vielleicht – man konnte darüber streiten – wäre das Böse überhaupt nicht bös, wenn es das Gute, – das Gute überhaupt nicht gut, wenn es das Böse nicht gäbe.«

Und weiter unten: »Wo der Vergleich entfalle [...] entfalle der Maßstab, und weder von Schwerem noch Leichtem, weder von Großem noch Kleinem könne da die Rede sein. Das Gute und Schöne wäre dann entwest zu einem qualitätslosen Sein, das dem Nichtsein sehr ähnlich und diesem vielleicht nicht vorzuziehen sei.«

Klaus Berger meinte recht ungeschützt: »Wer einer dualistischen Weltsicht anhängt, sieht die Wahrheit schärfer, und zwar jetzt schon. Und wer mit einer Offenlegung aller Dinge am Ende rechnet, erwartet, dass eben diese Scheidung am Ende allen offenbar wird.«

Besonders außerhalb unseres Kulturkreises ist das Denken in Kontrasten selbstverständlich. Der japanische Zen-Meister Ryōkan schrieb: »Wo das Schöne ist, gibt es das Hässliche, / Wo es Gerechtigkeit gibt, ist auch Ungerechtigkeit. / Wissen und Unwissen hängen voneinander ab, / Irreführung und Erleuchtung bedingen einander. / Es war immer schon so, seit dem Anfang, / Wie könnte es auch anders sein?«

Selbst der radikale Denker Immanuel Kant erkannte die prinzipielle unendliche Distanz zwischen GOTT und Mensch an, die sich auch in dem Dualismus zwischen Sein und Sollen, Ich und Natur, Individuum und Gesellschaft verkörpere. Wer diese Gegensätze für überwindbar hält, muss besonders das Göttlichste im Menschen hervorkehren: seine Vernunft. Und da es keine göttliche und menschliche Vernunft gebe, sondern nur eine, lasse sich, so Hegels Logik, die Entfremdung des menschlichen Wesens dadurch überwinden, dass man dem Fortschritt des Geschichtsprozesses vertraue, denn in der Fortschrittsgeschichte der Geschichte sahen Hegel und zuvor schon Rousseau gewissermaßen das Heilmittel aller Probleme – im Laufe der Zeit werde die menschliche Natur immer göttlicher und GOTTES Gegenwart verwirkliche sich besser in seinen Geschöpfen.

Die amerikanische Jüdin Susan Neiman schrieb dazu kurz und überzeugend: »Hegels Bestreben, Gottes Stelle einzunehmen, ergibt sich ganz natürlich aus Rousseaus Entschlossenheit, Gott dadurch zu rechtfertigen, dass er uns selbst für das Böse verantwortlich macht. Dass Gott in der Folge von der Bühne abtritt, ließ sich nach dem *Émile* voraussagen, weshalb die Behörden das Buch auch so schnell verbrennen ließen. Je mehr Verantwortung wir für das Böse übernehmen, umso größer müssen wir werden. Was als Entlastung Gottes begann, endet mit seiner Absetzung.«

Die ersatzreligiöse Verführung

Kein Wunder also, dass sich über Karl Marx dann die nicht mehr zu überbietende »Frohbotschaft« des kommunistischen Paradieses auf Erden formulierte. Dieser Kommunismus als »vollendeter Humanismus« sei die »wahrhafte Auflösung des Streits zwischen Existenz und Wesen, zwischen Vergegenständlichung und Selbstbestätigung, zwischen Freiheit und

Notwendigkeit, zwischen Individuum und Gattung.« Und dann folgt der dreiste Satz: »Er ist das aufgelöste Rätsel der Geschichte und weiß sich als diese Lösung.«

Ohne die abscheuliche Pointe dieser dann umgesetzten Wirklichkeit erfahren zu haben, prophezeite immerhin derjenige Deutsche, der im 19. Jahrhundert GOTT für tot erklärte, im Gegensatz zu jenen, die GOTT zu Tode klärten, was der »Sozialismus in Hinsicht auf seine Mittel« einmal anrichten sollte, der sich ihm schon als »der phantastische jüngere Bruder des fast abgelegten Despotismus, den er beerben will«, darstellte: »Seine Bestrebungen sind also im tiefsten Stande reaktionär.«

Wer dem braunen Sozialismus auf seiner Spur folgt, kann zu der Einsicht gelangen, dass die von den Nationalsozialisten ermordeten Opfer »neben den Millionen und Abermillionen von Menschen aller Konfessionen und aller Nationen Opfer desselben Hasses auf den anderen Menschen« waren, wie der jüdische Philosoph Emmanuel Lévinas schrieb und sogar hinzufügte: »desselben Antisemitismus«. Das ist eine überzeugende Antwort auf den tagespolitischen Missbrauch des Singularitätsdogmas durch die politische Linke. Diese hat, so der Politikwissenschaftler

Andreas Schneider, »zu einer Abstumpfung der Deutschen gegenüber den Taten anderer geführt und damit seines Sinnes beraubt. Die geistigen Klimmzüge, die inzwischen notwendig sind, um Stalins Massenmord als nachrangig gegenüber dem Völkermord der Nazis erscheinen zu lassen, werden zunehmend lächerlich – und menschenverachtend gegenüber den Opfern des Stalinismus.«

Genau das bestätigte auch einer der wichtigsten französischen Intellektuellen deutsch-jüdischer Herkunft: Alfred Grosser. Er schrieb: »Die Frage ist nicht zuletzt, warum die Millionen Toten, die die Verbrechen Stalins und Maos hervorgebracht haben, in diesem Sinne bis heute verniedlicht werden. Und da, muss ich schon sagen, gibt es eine sehr erstaunliche Interessengemeinschaft – nicht, dass sie ausdrücklich bestünde, sie ergibt sich einfach – zwischen ehemaligen Kommunisten und jüdischen Organisationen. Die einen wollen nicht, dass man viel davon spricht, was der andere Sozialismus im Osten gewesen ist, denn sonst wird ja Auschwitz verniedlicht, und die anderen, ehemalige Kommunisten, sagen, wir wollen nicht davon sprechen, denn wir haben auch daran geglaubt, und so schlimm war das ja nun auch wieder nicht. Beide treffen sich in der Intention, es solle nur ›Auschwitz‹ da sein.«

Auch ich brauchte viel Zeit, zu begreifen, dass der nationalsozialistische Terror, der sich selektiv gegen andere Rassen, sogenannte Untermenschen, vor allem gegen Juden und Zigeuner richtete, katastrophal und durch nichts zu entschuldigen war. Doch das, was schon ab 1917 als bolschewistische Ausschreitung über die Welt sich auszubreiten drohte und sich unter kommunistischer Flagge als Massenmorden und Vergewaltigen fortsetzte, war von allem bösen Anfang her totalitärer und schrankenloser. Überzeugend schrieb die Jüdin Susan Neiman:

»Der sowjetische Terror schüchterte gerade durch seinen absoluten Zufall ein: Niemand konnte vorhersagen, welche Handlungen zur Verhaftung oder zur Hinrichtung führten. Das war der entscheidende Unterschied zwischen dem Leben in der Sowjetunion und in Nazi-Deutschland, wo der arische Durchschnittsbürger es in der Hand hatte, was ihm zustieß: Er musste nur die herrschenden Gesetze und Verfahren einhalten.«

Freilich, für nichtarische Opfer galten während des Krieges andere Regeln, die jedoch noch immer als solche erkennbar waren, obwohl sie oft nicht geglaubt, also für unmöglich gehalten wurden. In der Epoche des stalinistischen Führerkults, der in Nordkorea oder Kuba noch anhält, galt: Keine soziale Gruppen-, Klassen- oder Berufszugehörigkeit, keine Nationalität oder Staatenlosigkeit, weder Atheismus noch Religiosität, weder Rang noch Namen, weder Hautfarbe noch erworbene Verdienste, keine Charaktereigenschaften, kein Vermögen, nicht einmal Armut und Bedürftigkeit – nichts schützte, niemand war sicher, weder im Frieden noch im Krieg. Jeder Einzelne und jede Sippe, ja ganze Völkerstämme konnten plötzlich und unvorhersehbar in die Kategorien von »Schädlingen«, also von Feinden des Friedens, des Volkes, der Partei und ihres »genialen Führers« und damit der »fortschrittlichen Menschheit« geraten, um anschließend auf irgendeine Weise zerstört, atomisiert, umerzogen, vertrieben oder »liquidiert«, also bestialisch ermordet zu werden.

Was unter Wladimir Iljitsch Lenin, Trotzki und dem bolschewistischen Geheimdienstgründer Felix Edmundowitsch Dserschinski so erbarmungslos begann, setzte sich nicht minder grausam unter Stalin, Mao Tse-tung, Ho Chi Minh, Kim Il-sung bis hin zu Pol Pot oder Fidel Castro, der sich als »Máximo Líder« bezeichnen ließ, und all den regiert habenden und noch vereinzelt regierenden Möchtegernstalinisten fort. Dabei überzogen sie Weltall, Erde, Mensch mit einem grotesken Geflecht aus Dogmen und Theorien, die sie aus dem geistigen Steinbruch des erbarmungslosesten und selbstgefälligsten »Philosophen«, den die Geschichte bisher mit Karl Marx hervorgebracht hat, herausgezogen hatten. Wer ihn im Machtbereich des Revolutionärs, Soziologen und geistigen Gründungsvaters der kommunistischen Staaten schon anhand seiner cholerischen Polemiken lächerlich fand, seine »einzige wissenschaftliche Weltanschauung« gar in Zweifel zog, konnte nur ein Ungeheuer sein, in dessen Adern Ausbeuterblut floss, oder er musste verrückt sein, die von Marx angeblich erkannten Geschichtsgesetze ignorieren zu wollen. Solche gehörten deshalb wie der russische Dissident und Biologe Wladimir Bukowski oder der Physiker und Philosoph Dietrich Koch in eine »Irrenanstalt« gesperrt. Möchte die Religion dem Unheil nicht noch die Farce hinzufügen, muss sie ihre Theologie samt Vorschriften an jenen Menschen ausrichten, die wirklich die Erde beherrschen, selbst wenn nicht wenige auf ihr leiden. Der Mensch ist, wie der Philosoph Christoph von Wolzogen schrieb, »›ein verrücktes Tier‹ mit der noch verrückteren Möglichkeit, seinen Nächsten zu lieben«. Solche Potenz lässt durchaus drei Fixsterne am gestirnten Himmel über uns erkennen: Glaube, Liebe und Hoffnung. Und die vielen anderen Sterne?

Die einst unter der roten Fahne vereinigten Intellektuellen aller Länder wie zum Beispiel Louis Aragon, Henri Barbusse, Simone de Beauvoir, Ernesto Cardenal, Theodore Dreiser, Paul Éluard, Max Frisch, André Gide, Oskar Maria Graf, Graham Greene, Nicolás Guillén, Ernest Hemingway, Abbie Hoffman, Halldór Laxness, Sinclair Lewis, Gabriel García Márquez, Jan Myrdal, Pablo Neruda, Luise Rinser, Romain Rolland, Jean-Paul Sartre oder Elsa Triolet himmelten auf widerlichste Weise kommunistische Tyrannen an, vor allem ihren »Lehrer und Führer«, den »größten Genius der Menschheit« wie »den größten Theoretiker der nationalen Frage«, Iosif Wissarionowitsch Dschugaschwili, der damals unter seinem »Decknamen« Stalin als Stellvertreter GOTTES auf Erden gehandelt wurde. Die kommunistischen Dinosaurier sind tot, aber es leben und gedeihen weiterhin die Parasiten ihrer Herrschaft, die weltweit die kulturellen und demokratischen Strukturen gefährden. Es wirkt heute schon, was bis vor kurzem noch blutige Wirklichkeit war, so absurd und lächerlich, dass man es kaum fassen kann, dass die 68er mit ihrer Vergötterung Maos und anderer kommunistischer Tyrannen und Massenmörder nichts aus der Geschichte zu lernen bereit waren, sondern nur auf dummdreiste Weise ihren Eltern Vorhaltungen machten, da sie Hitler nicht verhindert oder gar gewählt und unterstützt hatten. Auschwitz zum Gründungsmythos der Bundesrepublik zu erklären, wie das der ehemalige Terrorist, Arafat-Verehrer und spätere Außenminister Joseph »Joschka« Fischer getan hat, ist nur eine ihn selber charakterisierende Ungeheuerlichkeit. Seine Wandlung vom berufslosen Straßenköter zum Doktor »ehrenhalber«, vom Terroristen zum Staatsmann und reichen Pensionär dürfte wohl weniger überzeugend sein als die Wandlung des Politbüromitglieds Schabowski zum armen Dissidenten, den allein die Gerichtsschulden den Rest seines Lebens bedrückten. Doch innerlich ist er mit sich ins Reine gekommen, denn die Wahrheit macht bekanntlich frei – siehe Johannes 8,31–36.

Der aktuelle Dietrich Bonhoeffer
Maßstäbe eines evangelischen Theologen und Märtyrers für das 21. Jahrhundert

1.

Der 1906 in Breslau geborene Dietrich Bonhoeffer wird zu jener Theologengeneration gezählt, die »zum Teil durch den Zweiten Weltkrieg um ihre Entfaltung« (Hermann Fischer) gebracht wurde. Dennoch gelangte er sowohl mit seinem fragmentarischen Werk als auch mit seiner widerständigen Biografie ungefähr zehn Jahre nach seinem gewaltsamen Tod zu einer weltbekannten Berühmtheit. Leben und Werk, Denken und Handeln gehören bei ihm so wesentlich zusammen, dass es Frevel wäre, dies nun durch eine äußere Gliederung strukturieren, also auseinanderlegen zu wollen.

Seine überragende Bedeutung liegt nach Meinung des Neffen, Hans-Walter Schleicher, »nicht in erster Linie im Politischen, denn Bonhoeffer war kein Politiker und wollte nicht ›politisch‹ handeln, sondern als Mensch und Christ, der an der Stelle, an die ihn Gott gestellt hat, Verantwortung übernimmt.«

Allein seine von Weitsicht und Mut zeugenden Äußerungen, die zu Lebzeiten an die Öffentlichkeit gelangten, werden neben denen Karl Barths zu den »klassischen Zeugnissen kirchlich-evangelischer Besinnung in dieser Zeit« (Klaus Scholder) gezählt. Über Bonhoeffers Dissertation, die er als Einundzwanzigjähriger unter der Überschrift *Sanctorum Communio. Eine dogmatische Untersuchung zur Soziologie der Kirche* eingereicht hatte, schrieb Karl Barth fast 30 Jahre später: »Ich gestehe offen, dass es mir Sorge macht, die von Bonhoeffer damals erreichte Höhe […] wenigstens zu halten […] nicht schwächer zu reden, als dieser junge Mann es damals getan hat.«

Barth ist jedoch anzukreiden, dass ihn seine Fehlurteile über Stalin und den Kommunismus weit unter das Niveau Bonhoeffers geraten ließen, abgesehen von der Polemik voller Verdächtigungen gegen den protestantischen Theologen und späteren Spitzenpolitiker Eugen Gerstenmaier. Es belegt Bonhoeffers Sachlichkeit trotz der Hingabefähigkeit an andere, seinen Sinn für Realitäten trotz eines waghalsig-konsequenten Mutes, wenn er das Unabgeschlossene nicht nur seines Werkes, sondern auch des Lebens selber treffend zu thematisieren vermochte: »Je länger wir aus unserem eigentlichen beruflichen und persönlichen Lernbereich herausgerissen sind, desto mehr empfinden wir, dass unser Leben – im Unterschied zu dem unserer Eltern – fragmentarischen Charakter hat.« Und gleich darauf fragte er: »Wo gibt es heute noch ein geistiges ›Lebenswerk‹? Wo gibt es das Sammeln, Verarbeiten und Entfalten, aus dem ein solches entsteht?«

Solche Fragen stellte er sich – wohlgemerkt! –, als er noch nicht wissen konnte, dass sein Leben einmal mit 39 Jahren gewaltsam beendet werden sollte. Abgesehen davon, war sein Lebensentwurf von vornherein nicht dazu angelegt, etwa eine Schrift Luthers, die auf einer Seite Platz fand, mit über 1400 Seiten zu kommentieren, wie das sein jüngerer Kollege Gerhard Ebeling fertigbrachte.

Doch wer hat schon 1934, also kurz nach Hitlers Machtantritt, gewusst, was die Stunde schlug? Bonhoeffer rief bereits zu dieser Zeit mit einem bei ihm eigentlich ungewohnten Pathos dazu auf, einen »radikalen Ruf zum Frieden an die Christusgläubigen ausgehen [zu] lassen [...]. Die Stunde eilt – die Welt starrt in Waffen und furchtbar schaut das Misstrauen aus allen Augen, die Kriegsfanfare kann morgen geblasen werden – worauf warten wir noch?«

Ebenso scheint er sein Schicksal vorausgesehen zu haben, als er schon im Juni 1932 als Prediger in der Berliner Kaiser-Wilhelm-Gedächtniskirche provozierend fragte: »Muss es denn so sein, dass das Christentum, das einstmals so ungeheuer revolutionär begonnen, nun für alle Zeiten konservativ ist? Dass jede neue Bewegung ohne die Kirche sich Bahn brechen muss, dass die Kirche immer erst zwanzig Jahr hinterher einsieht, was eigentlich geschehen ist? Muss dem wirklich so sein, dann müssen wir uns nicht wundern, wenn auch für unsere Kirche wieder Zeiten kommen werden, wo Märtyrerblut gefordert werden wird.«

2.

Dietrich Bonhoeffer war vielseitig begabt, praktisch veranlagt und schon als Kind ein guter Pianist; die Eltern erwogen, ihn zum Musiker ausbilden zu lassen. Im Kreise von acht Geschwistern genoss er eine gutbürgerliche Erziehung. Sein Vater, Prof. Dr. Karl Bonhoeffer, hatte ab 1912 in Berlin den Lehrstuhl für Psychiatrie und Neurologie inne, sodass die deutsche Hauptstadt unter drei verschiedenen Gesellschaftssystemen zu einer Stätte der Bildung, Reife und schließlich Bewährung der gesamten Familie wurde, nachdem schon der zweitälteste Sohn sowie Vettern der Bonhoeffer-Kinder im Ersten Weltkrieg gefallen waren. Vier weitere Familienmitglieder verlor sie dann im Widerstand gegen das NS-Regime. In der Tradition sowohl des Groß- als auch des Urgroßvaters mütterlicherseits begann er 1923 mit dem Studium der Theologie in Tübingen, wo er der liberal gesinnten Studentenverbindung »Igel« beitrat und ihm »die Leute eigentlich ganz gut« gefielen. Als jedoch 1933 der antisemitische Arierparagraf in die Satzung Einlass fand, verließ er die Verbindung.

Während eines Zwischensemesters in Rom geriet das »Phänomen Kirche in sein Gesichtsfeld« (Eberhard Bethge). Bereits 1927, also 21-jährig, promovierte er in Berlin, wobei er ebenfalls sein erstes theologisches Examen ablegte. Im Anschluss an das Vikariat in Barcelona wurde er an der Berliner Universität Assistent, nachdem er 1930 mit dem zweiten theologischen Examen und der Habilitation unter dem Titel *Akt und Sein* abgeschlossen hatte. Im Juli 1939, soeben von einem Studienaufenthalt in New York zurückgekehrt, hielt er sich anschließend vierzehn Tage bei Karl Barth in Bonn auf, den er zuvor als »die theologische Entdeckung seines Lebens« bezeichnet hatte. In Berlin nahm Bonhoeffer eine Dozentur an der Universität, das Amt eines ökumenischen Jugendsekretärs und ein Studentenpfarramt an. Des Weiteren wurde er vor die Aufgabe gestellt, eine verwilderte Konfirmandenklasse im proletarischen Berliner Wedding zur Konfirmation zu führen, was ihm gelungen sein soll.

Innerhalb des Studiums, in dem ihm von seinen Kommilitonen ein »gewandtes, sicheres Auftreten; stürmisches Temperament«, aber auch Weltoffenheit und scharfe Kritikfähigkeit bescheinigt wurden, mussten auch praktische Tätigkeiten nachgewiesen werden. So übernahm er zum Beispiel einen Kindergottesdienst und machte dabei »die ihn zuweilen erschreckende Erfahrung, in welcher Weise er Menschen an sich zu binden vermochte«.

Obwohl ihm die akademische Laufbahn offenstand, fiel es ihm schwer, sich zwischen Kanzel und Katheder zu entscheiden. Er gab sich vorerst der kirchlichen Ausbildung hin, dann kehrte er in die akademische Welt der Berliner Fakultät zurück und hielt seine Antrittsvorlesung zum Thema »Die Frage nach dem Menschen in der gegenwärtigen Philosophie und Theologie«. Da er bis zur Ordination noch warten musste, nahm er ein Stipendium in den USA an, wo er mit der Ökumene, dem christlichen Pazifismus und anderen protestantischen Bewegungen in Berührung kam. Mit Leidenschaft positionierte er sich jedoch in der von Paulus ausgehenden Traditionslinie, die er bei Martin Luther, Søren Kierkegaard und Karl Barth fortgeführt fand.

Dabei begann er an der von Luther ausgehenden und zur Formalität verflachten Trennung der Reiche des Glaubens und des Gesellschaftlichen zu rütteln. »Das wurde«, schrieb sein Verwandter, Freund und Schüler Eberhard Bethge, »ein theologischer und existenzieller Kampf, der ihn über viele Stufen führte und mit der Beteiligung an der Konspiration gegen Hitler endete.«

In dem postum zusammengetragenen Band 4 seiner Werke unter dem Titel *Nachfolge* – mittlerweile allein in deutscher Sprache in mehr als 80 000 Exemplaren verbreitet – wird das Ringen deutlich, Luthers Zwei-Reiche- und Gnaden-Lehre neu und zeitgemäß auszulegen: »Billige Gnade ist der Todfeind unserer

Kirche. Unser Kampf heute geht um die teure Gnade. Billige Gnade heißt Gnade als Schleuderware, verschleuderte Vergebung, verschleuderter Trost, verschleudertes Sakrament; Gnade als unerschöpfliche Vorratskammer der Kirche, aus der mit leichtfertigen Händen bedenkenlos und grenzenlos ausgeschüttet wird; Gnade ohne Preis, ohne Kosten.« Besorgt fragte er: »Ist der Preis, den wir heute mit dem Zusammenbruch der organisierten Kirchen zu zahlen haben, etwas anderes als eine notwendige Folge der zu billig erworbenen Gnade?«

1935 sann er in einem Brief an seinen ältesten Bruder Karl-Friedrich darüber nach, welcher Kraftquell das Nazireich »einmal in die Luft sprengen kann«. Die Rettung der Kirche versprach er sich »aus einer Art neuen Mönchstums, das mit dem alten nur die Kompromisslosigkeit eines Lebens nach der Bergpredigt in der Nachfolge Christi gemeinsam hat.« Er glaubte, es sei an der Zeit, »hierfür die Menschen zu sammeln«. Neun Jahre später, als er bereits über ein Jahr inhaftiert war, schrieb er dem Freund Eberhard Bethge besorgt: »Wir gehen einer völlig religionslosen Zeit entgegen; die Menschen können einfach, so wie sie nun einmal sind, nicht mehr religiös sein [...]. Unserem ganzen bisherigen ›Christentum‹ wird das Fundament entzogen, und es sind nur noch einige letzte ›Ritter‹ oder ein paar intellektuell Unredliche, bei denen wir ›religiös‹ landen können.«

Gerade hier, wo manche undankbaren Pessimismus vermuten, wird deutlich, wie er an seiner unvorsichtigen Weitsicht litt und wie sein intellektueller Scharfsinn schon »ein- und umgeschmolzen« war »in das lebendige Engagement des Christ-Seins«. Seine Wahrhaftigkeit bewährte sich an der illusionslosen Sicht auf die Misere seiner wie unserer Zeit, in der er die in ihr schlummernden Gefahren und Katastrophen erkannte, die wiederum seine Gestaltungskräfte weckten und den Glauben wachsen ließen.

Was Bonhoeffer spürte, sah und erkannte, drückte später der französische Kulturanthropologe René Girard so aus: »Seit Jahrhunderten ist in der westlichen Welt ein sich unablässig beschleunigender Dechristianisierungsprozess im Gang. Nicht mehr vereinzelte Individuen verlassen ihre Kirchen, sondern ganze Kirchen, der Klerus an der Spitze, laufen mit Sack und Pack ins Lager des ›Pluralismus‹ über, das heißt, eines Relativismus, der sich ›christlicher‹ gibt als das Festhalten am Dogma, da er den nichtchristlichen Religionen gegenüber ›netter‹, ›toleranter‹ ist.«

Bonhoeffer, allzeit auf der Suche nach dem Wesentlichen, hatte den von Martin Heidegger wieder philosophisch in den Vordergrund gerückten Begriff »Existenz« in seine Theologie zu übertragen versucht, denn das Wort Jesu bedeutete ihm kein Lehrsystem,

»sondern eine Neuschöpfung der Existenz«. So erkannte er: »[…] eine allgemeine religiöse Erkenntnis macht Nachfolge nicht notwendig, ja schließt sie in Wahrheit aus, ist der Nachfolge feindlich«.

Er fühlte sich demnach herausgerufen aus seiner bisherigen Existenz und war bereit, alle Brücken abzubrechen, um im strengen Sinne des Wortes wahrhaft »existieren« zu können: »Aus den relativen Sicherungen des Lebens heraus in die völlige Unsicherheit (d. h. in Wahrheit in die absolute Sicherheit und Geborgenheit der Gemeinschaft Jesu); aus dem Überschaubaren und Berechenbaren (d. h. dem in Wahrheit ganz Unberechenbaren) in das gänzlich Unübersehbare, Zufällige (d. h. in Wahrheit in das einzig Notwendige und Berechenbare); aus dem Bereich der endlichen Möglichkeiten (d. h. in Wahrheit der unendlichen Möglichkeiten) in den Bereich der unendlichen Möglichkeiten (d. h. in Wahrheit in die einzige befreiende Wirklichkeit) ist der Jünger geworfen.«

Neben Jesus seien, so Bonhoeffer, keine weiteren Inhalte nötig oder möglich, da er der einzige Inhalt sei: »Ein Christentum ohne den lebendigen Jesus Christus bleibt notwendig ein Christentum ohne Nachfolge, und ein Christentum ohne Nachfolge ist immer ein Christentum ohne Jesus Christus; es ist Idee, Mythos.« Die Logik ist bestechend und schreckt auf, denn so folgerichtig möchten viele Christen wohl die Nachfolge doch nicht antreten, wenn man gar alles aufzugeben habe: Hab und Gut, Familie, Urlaubsanspruch und liebgewordene Gewohnheiten.

»Das Religiöse wird«, tröstet uns Heidegger, »niemals durch die Logik zerstört, sondern immer nur dadurch, dass der Gott sich entzieht.« Was können wir Geschöpfe also dafür, wenn uns Gott verlässt oder verlassen hat? Bonhoeffer lässt uns diesen billigen Trostversuch nicht durchgehen, im Gegenteil, er peinigt uns mit dem radikalen Schlüsselsatz seiner Nachfolge: »Nur der Glaubende ist gehorsam, und nur der Gehorsame glaubt.«

Wer willig dem Ruf des Herrn folgen will, jedoch zuvor noch Vater oder Mutter beerdigen möchte, muss sich sagen lassen: »Lass die Toten ihre Toten begraben; gehe du aber hin und verkündige das Reich Gottes!« Das soll Gnade und Gebot in einem sein? Übertriebene Konsequenz schleudert den Menschen schnell aus seiner Lebensbahn, nicht selten mit tödlicher Folge.

Bonhoeffer glaubte anfangs radikal und abstrakt: »Der Mensch stirbt allein an Christus, durch Christus, mit Christus. Christus ist sein Tod. [...] Der Tod ist die Gnade, die der Mensch sich niemals schaffen kann.«

Dass ausgerechnet Hitlers Handlanger ihm diese Gnade einmal erweisen sollten – daran darf man in diesem Zusammenhang nicht einmal denken, obwohl sich ein so kühner Geist wie Bonhoeffer selber niemals Denkverbote auferlegte.

3.

In Bonhoeffers 1939 begonnener, jedoch unvollendet gebliebener *Ethik* ist Christus zwar für die Welt gestorben, doch »nur mitten in der Welt ist Christus Christus.« »Endlich!«, möchte man ausrufen, denn zu guter Letzt steht Jesus inmitten unserer Welt, wobei diese auf Christus und er auf die Welt bezogen bleibt. Für den Christen soll es keine absoluten ethischen Verhaltensregeln mehr geben, weil er in der inneren Begegnung mit Christus seine Entscheidungen zu treffen vermag. Das Kreuz Christi soll die Befreiung zum Leben »in echter Weltlichkeit« sein, um für andere wirklich da sein zu können. Aus den »zwei Reichen« Luthers wird eine einzige Welt, die nicht mehr ins Profane und ins Göttliche gespalten bleibt.

In den Haftanstalten der Gestapo bewegte Bonhoeffer weniger das eigene Schicksal als vielmehr die Frage, was das Christentum den Menschen gegenwärtig bedeute oder wer Christus für uns heute eigentlich sei. Ihn befielen Zweifel, ob dem Menschen alles nur durch Worte zu übermitteln sei; ebenso hielt er »die Zeit der Innerlichkeit und des Gewissens« für überholt, »und das heißt eben die Zeit der Religion überhaupt«. Er machte sich Gedanken, wie Christus auch von den Religionslosen erkannt und anerkannt werden könne; oder er fragte sich, ob es auch religionslose Christen gebe. In den Briefen aus der Haft von 1944 an seinen Freund Bethge kommen die Stichworte von der »mündig gewordenen Welt«, von der »nichtreligiösen Interpretation« oder vom Jesus oder der Kirche »für andere« auf. Er selber nahm sich noch vor: »[…] ich möchte von Gott nicht an den Grenzen, sondern in der Mitte, nicht in den Schwächen, sondern in der Kraft, nicht also bei Tod und Schuld, sondern im Leben und im Guten des Menschen sprechen. An den Grenzen scheint es mir besser, zu schweigen und das Unlösbare ungelöst zu lassen.«

Dietrich Bonhoeffer fand inmitten seines ausgefüllten und bewegten Lebens erstaunlicherweise noch Zeit, sich mit großen Denkern auseinanderzusetzen, so mit Wilhelm Dilthey, aber besonders mit dem wohl bedeutendsten Philosophen des 20. Jahrhunderts: Martin Heidegger. Dessen ontologischer Zumessung der »Sorge«, »Fürsorge« und »Besorgung« setzte Bonhoeffer, durchaus respektlos, seine aus dem Neuen Testament abgeleitete Begrifflichkeit gegenüber: »Es ist sinnlos, so zu tun, als könnten wir überhaupt sorgen. Wir können ja an den Zuständen der Welt nichts ändern. Gott allein kann sorgen, weil er die Welt regiert. Weil wir nicht sorgen können, weil wir völlig ohnmächtig sind, darum sollen wir auch nicht sorgen. Wir maßen uns damit das Regiment Gottes an.«

Was Bonhoeffer heute den vielen Pfarrern sagen würde, die sich um alle und alles sorgen, sei es die

Dritte Welt, Arbeitslosigkeit, Gentechnik, Klimarettung, seien es Randgruppen, Tarifauseinandersetzungen oder Bundeswehreinsätze, dabei aber vergessen, wie der Mensch zu Gott zu führen und damit der Sinn des Lebens zu vermitteln ist – was er also solchen Seelsorgern eindringlich raten würde, ließe sich von dem zuvor Gesagten ableiten. Der ehemals als Linkstheologe Verkannte würde heute wohl als Unbequemer bequemerweise als »Rechter« abgestempelt sein. Könnte er heute, nur 75 Jahre später, den Zustand der Kirchen, den Glaubensabfall der Menschen, den sich weiter vertiefenden »Konflikt zwischen dem Leben des Christen und dem Leben der Welt« sowie das massive Vordringen fundamental-islamistischer Richtungen in Europa sehen, würde er wohl seine Versuche, die er 1935 mit Predigeramtskandidaten in Halbjahreskursen auf dem Zingsthof an der Ostsee und später in Finkenwalde begann, nicht nur einfach fortsetzen, sondern wahrscheinlich eine evangelische Bruderschaft gründen, denn er liebäugelte schon damals mit dem Ordensleben und sah darin einen lebendigen »Protest gegen die Verweltlichung des Christentums, gegen die Verbilligung der Gnade«: »Die Restauration der Kirche kommt gewiss aus einer Art neuen Mönchtums.«

In seinem Band *Nachfolge* steht: »Mit der Ausbreitung des Christentums und der zunehmenden Verweltlichung der Kirche ging die Erkenntnis der teuren Gnade allmählich verloren. Die Welt war christianisiert, die Gnade war Allgemeingut einer christlichen Welt geworden. Sie war billig zu haben. Doch bewahrte die römische Kirche einen Rest der Erkenntnis. Es war von entscheidender Bedeutung, dass das Mönchtum sich nicht von der Kirche trennte und dass die Klugheit der Kirche das Mönchtum ertrug. Hier war am Rande der Kirche der Ort, an dem die Erkenntnis wachgehalten wurde, dass Gnade teuer ist, dass Gnade die Nachfolge einschließt.« Und weiter hinten heißt es im selben Text: »Jeder tritt allein in die Nachfolge, aber keiner bleibt allein in der Nachfolge. Dem, der es wagt, Einzelner zu werden auf das Wort hin, ist die Gemeinschaft der Gemeinde geschenkt. Er findet sich wieder in einer sichtbaren Bruderschaft, die ihm hundertfältig ersetzt, was er verlor.«

Doch der große Reformator Martin Luther, zu dem Bonhoeffer aufschaute, ging bekanntlich den umgekehrten Weg. Bonhoeffer wich dieser Tatsache keinesfalls aus: »Luthers Weg aus dem Kloster zurück in die Welt bedeutete den schärfsten Angriff, der seit dem Urchristentum auf die Welt geführt worden war. Die Absage, die der Mönch der Welt gegeben hatte, war ein Kinderspiel gegenüber der Absage, die die Welt durch den in sie Zurückgekehrten erfuhr.« Mit dem dänischen Philosophen Søren Kierkegaard erkannte Bonhoeffer, dass nun der Angriff frontal kam: »Nachfolge Jesu musste nun mitten in der Welt gelebt werden.«

1976, zur Feier des 70. Geburtstages Dietrich Bonhoeffers, erinnerte Carl Friedrich von Weizsäcker an diese Thematik: »Bonhoeffer hatte sich nicht gescheut, der Lebensgemeinschaft seiner ihm fast gleichaltrigen Pfarramtskandidaten einige der uralten, ernsten Bemühen immer von neuem hilfreichen Regeln des mönchischen Lebens anzubieten, ja aufzuerlegen: geregelten Tagesrhythmus, Gebetsliturgie, ein bescheidenes Anklopfen am unermesslichen Erfahrungsbereich der Meditation. Wenn er dies gegenüber den eingeschliffenen protestantischen Vorurteilen durchsetzte, so sehe ich darin genau denselben Mut zur Wirklichkeit wie in der scheinbar entgegengesetzten Öffnung seiner spätesten Theologie zur Wirklichkeit. Sein Leben sollte die Erfahrung durchmessen, dass christliches Leben nur weltlicher werden kann, wenn es geistlicher wird, nur geistlicher, wenn es weltlicher wird.«

4.

Zu Weihnachten 1942 legte Bonhoeffer vor seinen Freunden im Widerstand Rechenschaft ab; die Abhandlung trägt den Titel »Nach zehn Jahren«. Selbstkritisch, zuweilen fast resignativ, schrieb er: »Wir sind stumme Zeugen böser Taten gewesen, wir sind mit vielen Wassern gewaschen [...] wir sind durch Erfahrung misstrauisch gegen die Menschen [...] oder vielleicht sogar zynisch geworden – sind wir noch brauchbar? [...] Wird unsere innere Widerstandskraft gegen das uns Aufgezwungene stark genug und unsere Aufrichtigkeit gegen uns selbst schonungslos genug geblieben sein, dass wir den Weg zur Schlichtheit und Geradheit wiederfinden?«

Seit 1934 vertrat er, besonders auf der Ökumenischen Konferenz in Fanø, einen kämpferischen Pazifismus, vier Jahre später knüpfte er Kontakte zu den Widerständlern Ludwig Beck, Wilhelm Canaris, Hans Oster und Karl Sack. Er setzte sich nachdrücklich für die »Barmer Erklärung« und die Bekennende Kirche ein, die ihn beauftragte, ein »Bruderhaus« für Pfarrer und Mitstreiter einzurichten und zu leiten. 1937, als sein Buch *Nachfolge* erschien, wurde ihm von den Nationalsozialisten die Lehrerlaubnis entzogen. 1939 reiste er nach New York, wahrscheinlich, um einer drohenden Musterung und Einberufung zu entgehen. Freunde rieten ihm, in Amerika zu bleiben, denn er war in Deutschland schon als »Staatsfeind« eingestuft worden. Aber er wollte zurück, denn er war wie mehrere Angehörige seiner Familie in Widerstandspläne gegen Hitler eingeweiht worden und wollte weitere Aufträge erfüllen. Widerstand, so wusste er, bedeutete bewusste Schuldübernahme; juristisch und politisch galt Widerstand schlichtweg als »Hochverrat«. Kirchenpolitisch konnte er nicht einmal auf die Bekennende Kirche bauen. Das Gebot »Du sollst nicht töten« tötete keinesfalls sein Gewissen ab. Theologisch stand daneben eine eher eng geführte lutherische Tradition des Obrigkeitsgehorsams gegen seine Entscheidung, die er bewusst traf, indem er vorzeitig aus den USA zurückkehrte. Am 5. April 1943 wurde er verhaftet, am 9. April 1945 im Konzentrationslager Flossenbürg auf ausdrücklichen Befehl Hitlers hingerichtet.

In einem Brief vom 22. Dezember 1943 an seinen Freund Eberhard Bethge schrieb er: »Wir müssen es lernen, anders zu handeln als die Immerbedenklichen, deren Versagen wir ja aus größeren Zusammenhängen kennen. Man muss sich klar über das werden, was man will, man muss sich fragen, ob man es verantworten kann, und dann muss man es mit einer unwiderstehlichen Zuversicht tun. Dann und nur dann kann man auch die Folgen tragen. – Du musst übrigens wissen, dass ich noch keinen Augenblick meine Rückkehr 1939 bereut habe, noch auch irgendetwas von dem, was dann folgte. Das geschah in voller Klarheit und mit bestem Gewissen. Ich will nichts von dem, was sich seit damals ereignet hat, aus meinem Leben streichen, weder das Persönliche (Wäre ich anders verlobt? Wärest Du verheiratet? [...]) noch das Allgemeine. Und dass ich jetzt sitze (erinnerst Du Dich an das Jahr, das ich Dir im vorigen März prophezeite?), rechne ich auch zu dem Teilnehmen an dem Schicksal Deutschlands, zu dem ich entschlossen war. Ohne jeden Vorwurf denke ich an das Vergangene und ohne Vorwurf nehme ich das Gegenwärtige hin; aber ich möchte nicht durch menschliche Manipulation in Ungewissheit geraten. Wir können nur in der Gewissheit und im Glauben leben«.

Der unglückliche Ausgang des 20. Juli 1944, der Bonhoeffer eine Überlebenschance zunichtemachte, gab ihm trotzdem die Gelegenheit, mit einem Bewacher einen Fluchtversuch zu riskieren. Als er jedoch von den drohenden Verhaftungen seines Bruders und anderer erfuhr, verzichtete er darauf. Als die Wächter ihn zu seiner Hinrichtungsstätte abholten, soll er einem englischen Mitgefangenen Grüße an seinen Freund George Bell, den Bischof von Chichester, aufgetragen haben mit den Worten: »Sagen Sie dem Bischof, dies ist für mich das Ende, aber auch der Anfang. Mit ihm [dem Bischof] glaube ich an unsere universale christliche Bruderschaft, die sich über alle nationalen Interessen erhebt, und glaube daran, dass uns der Sieg gehört.«

Bonhoeffers Opfer entlastete im Nachhinein manche, die nie zu einem solchen Einsatz ihres Lebens bereit waren und oft den angezettelten Krieg weniger als Zumutung empfanden als den versuchten Tyrannenmord; kein Wunder also, dass sie ihn zu vergessen trachten oder aber mit theologischen Einwänden, zum Beispiel wegen der angeblichen Zerstörung der Wort-Theologie und der Auflösung der Zwei-Reiche-Lehre, ablehnen. Oder man fragte so hinterhältig wie vordergründig arglos: Wer ist Bonhoeffer? Darauf wurde als Antwort versucht, ihn unter der irreführenden Bemerkung »Bonhoeffer über Bonhoeffer« mit eigenen Zitaten zu schlagen: »Man hat es entweder mit einem verstockten Sünder besonders bösartiger Natur oder mit einer ›bürgerlich saturierten‹ Existenz zu tun, und einer ist dem Heil ebenso fern wie der andere.«

Die billigen Methoden selbstgefälliger Eiferer sind es nicht wert, besonders beachtet zu werden, denn sie entlarven das Niveau der Urheber selber, da man weder Erkenntnisse noch Bekenntnisse von der Existenz trennen darf, in der sie gewonnen wurden oder zerronnen sind. Andererseits sind sie jedoch bezeichnend für die Situation vieler Christen, die Bonhoeffer schon treffend durchschaute: »Überall Luthers Worte und doch aus der Wahrheit in Selbstbetrug verkehrt.«

Oder in der »Rechenschaft an der Wende zum Jahr 1943« gibt er zu bedenken: »Die große Maskerade des Bösen hat alle ethischen Begriffe durcheinandergewirbelt. Dass das Böse in der Gestalt des Lichts, der Wohltat, des geschichtlich Notwendigen, des sozial Gerechten erscheint, ist für den aus unserer tradierten ethischen Begriffswelt Kommenden schlechthin verwirrend; für den Christen, der aus der Bibel lebt, ist es gerade die Bestätigung der abgründigen Bosheit des Bösen.«

Eine Klarsicht, die ihn auf jeden Fall – im Gegensatz zu seinem Studenten Albrecht Schönherr, der später als Bischof in der DDR die schändliche Formel »Christen im Sozialismus« verkörperte und Deutschlands Teilung sanktionierte – in eine ebenso unversöhnliche Gegnerschaft zur realsozialistischen Diktatur gebracht hätte wie zur nationalsozialistischen.

5.

Sigmund Freud, der bemühte Atheist – wahrlich kein Freund der Bonhoeffer-Familie – glaubte, im Ursprung sei das Böse dasjenige, »wofür man mit Liebesverlust bedroht wird«. Das erinnert an die Genesis, an die Vertreibung aus dem Garten Eden, an den Verlust der Gottesnähe, an das Verfluchtsein, nun für den Preis des Schamgefühls und der Erkenntnis im Schweiße seines Angesichts seinen Lebensunterhalt verdienen und unter Schmerzen gebären zu müssen. Das Böse, das »Annehmlichkeiten verspricht«, wird bekanntlich ausgeführt, wenn man sich sicher wähnt, nicht beobachtet zu werden. Der Unterschied zwischen Gedanke und Tat werde dadurch verwischt, wenn der strafende Gott »durch Aufrichtung eines Über-Ichs verinnerlicht« werde, denn nun lasse sich vor dem eigenen Über-Ich nichts mehr verbergen. Die Folge sei: »Das Über-Ich peinigt das sündige Ich mit den nämlichen

Angstempfindungen und lauert auf Gelegenheiten, es von der Außenwelt bestrafen zu lassen.«

Wenn daraus auch kein zwanghafte Verhaltensfolge ableitbar ist, so lässt sich daraus immerhin folgern, dass sich Leute, die besonders tugendhaft sein wollen und sich dem suchenden Gärungsprozess eines hochbegabten Menschen in ihrer frömmelnden Art eines Pharisäers überlegen empfinden, oft einer größeren Versuchung gegenüber bösen Mächten ausgesetzt sehen als solche, die sich gar nicht willentlich vornehmen, besonders beispielhaft zu leben. Nicht jeder kann freilich die Kraft und Größe aufbringen, aus einem Kellergefängnis der Gestapo zu dichten: »Von guten Mächten wunderbar geborgen, / erwarten wir getrost, was kommen mag. / Gott ist bei uns am Abend und am Morgen / und ganz gewiss an jedem neuen Tag.«

Damals wie heute lässt sich über die engherzigen – oder moderner ausgedrückt: eindimensionalen – Menschen sagen: »Sie gehen an der Fülle des Lebens und an der Ganzheit einer eigenen Existenz vorbei; alles Objektive und Subjektive löst sich für sie in Bruchstücke auf. Demgegenüber stellt uns das Christentum in viele verschiedene Dimensionen des Lebens zu gleicher Zeit; wir beherbergen gewissermaßen Gott und die ganze Welt in uns. Wir weinen mit den Weinenden und freuen uns zugleich mit den Fröhlichen; wir bangen […] um unser Leben, aber wir müssen doch zugleich Gedanken denken, die uns viel wichtiger sind, als unser Leben [...]. Welch eine Befreiung ist es, denken zu können und in Gedanken die Mehrdimensionalität aufrechtzuerhalten. [...] Man muss die Menschen aus dem einlinigen Denken herausreißen – gewissermaßen als ›Vorbereitung‹ bzw. ›Ermöglichung‹ des Glaubens, obwohl es in Wahrheit erst der Glaube selbst ist, der das Leben in der Mehrdimensionalität ermöglicht«.

Unsere Gegenwart im neuen Jahrtausend scheint meilenweit von dem schwarz-braunen Sumpf unserer Geschichte entfernt zu sein. Die Antifaschisten, Progressiven, Gutmenschen, Linksliberalen, die Friedens-, Menschen- und Tierfreunde regieren unser Land, nein, sie beherrschen es regelrecht bis in jede Opposition hinein. Gott kann getrost im Himmel thronen; wir kommen immer besser klar ohne ihn, denn wir lieben alle und alles, sogar den Stasi-Chef Erich Mielke, oder auch Gottes Sohn, unseren Kumpel Jesus. Jeder darf sein eigenes Leben ausnutzen bis zum Abwinken; jeder duzt möglichst jeden, alle Ausländer aller Welt sind uns willkommen, ihr Kinderlein kommet, oh, kommet doch all', denn wer will sich hier noch mit eigenen Kindern herumplagen? Die Homo-Ehe, der Kindesmord bis zum neunten Monat, alles wird sanktioniert, die Prostitution als ehrenwerter Beruf aufgewertet. Ob ich Frau oder Mann oder sonst was dazwischen sein will, entscheide ich allein – welcher Damm ist noch nicht gebrochen? Sündenbewusstsein – was soll denn dieser Horror?

Wer noch einen Funken Ehre im Leibe verspürt und außerhalb volkseigener Gesamtschulen noch einen Hauch charakterbildender Erziehung mitbekommen hat und seinen Blick wenigstens beiläufig mit Demut nach oben zu richten vermag, der wird in Dietrich Bonhoeffer einen provozierenden, weil lebendigen, modernen und zugleich strengen und konservativen Mentor finden, der uns die Augen öffnet für eine mündig zu werdende Welt jenseits unserer frivolen Karnevalsgesellschaft, der wird in ihm einen begnadeten Seelsorger, wortmächtigen Dozenten und einen durch harte Erfahrungen geschulten Theologen erkennen, der noch weiß, wo Gottes Reich zu suchen ist. »In anderen Zeiten mag es die Sache des Christentums gewesen sein, von der Gleichheit der Menschen Zeugnis zu geben; heute wird gerade das Christentum für die Achtung menschlicher Distanzen und menschlicher Qualität leidenschaftlich einzutreten haben.«

So steht es unter der Überschrift »Qualitätsgefühl« in seiner Lebensbilanz ungefähr zwei Jahre vor seinem Tod. Schon damals setzte er »dem Prozess der Verpöbelung in allen Gesellschaftsschichten« die anzustrebende Haltung eines neuen Adels entgegen. »Adel entsteht und besteht durch Opfer, durch Mut und durch ein klares Wissen um das, was man sich selbst und was man anderen schuldig ist, durch die selbstverständliche Forderung der Achtung, die einem zukommt, wie durch ein ebenso selbstverständliches

Wahren der Achtung nach oben wie nach unten. Es geht auf der ganzen Linie um das Wiederfinden verschütteter Qualitätserlebnisse, um eine Ordnung auf Grund von Qualität. Qualität ist der stärkste Feind jeder Art von Vermassung.«

Wenn einigen diese Sätze wie aus dem eigenen Herzen gesprochen vorkommen, dann muss man sich doch fragen: Ja, wo leben wir denn? Wirklich in einer wesentlich so ganz anderen Welt als in der vor über 80 Jahren? Wer nicht in Resignation, weltferner Frömmelei oder gar im Zynismus enden will, der sollte sein einmaliges Leben nicht in der Jagd nach Posten und Positionen vergeuden, keineswegs um Macht, Geld und Ruhm kämpfen sowie sich von jedem Star- oder Führerkult freihalten. Wer sich den Blick von unten bewahrt, der durchschaut am meisten und verliert dazu nie den Himmel aus den Augen.

»Kulturell bedeutet das Qualitätserlebnis«, so Dietrich Bonhoeffer, »die Rückkehr von Zeitung und Radio zum Buch, von der Hast zur Muße und Stille, von der Zerstreuung zur Sammlung, von der Sensation zur Besinnung, vom Virtuosenideal zur Kunst, vom Snobismus zur Bescheidenheit, von der Maßlosigkeit zum Maß.« Und ein Letztes sollte man freudig erkannt haben, wenn man sich mit Bonhoeffer beschäftigt hat: »Letzter Ernst ist nie ohne eine Dosis Humor.«

Gottvertrauen, Wut und Demut

Ein frei denkender Geist, der weder parteilich noch ideologisch festgelegt ist, sondern sich politisch so verhält, dass er instinktiv immer auf die Gegenseite tritt, wenn er spürt, dass das Gesellschaftsschiff Schlagseite bekommt, denkt nicht, wie es Politiker oder Journalisten gewohnt sind, in kurzatmigen Momenten der Links-rechts-Masche, die ihnen zwar kurzfristig nutzen, also Vorteile bringen mögen. Ein suchender, irrender, jedoch zweckfrei denkender Mensch, der von seinen Vorteilen absehen kann, wagt sich auch in Wortgefechte mit solchen Leuten, bei denen er eigentlich nur verlieren kann, weil er deren vormenschlicher Gerissenheit nicht gewachsen ist.

Doch derjenige, der vor allem etwas von der Welt verstehen will, also der Wahrheit näherkommen möchte, kann nicht anders und lässt sich immer wieder von Politikern oder Journalisten durch ihren Jagdinstinkt zur Strecke bringen. Denn er denkt und empfindet nicht nur in den Kategorien der Gegenwart, sondern leitet das Verständnis der Gegenwärtigkeit aus dem Vergangenen her, um sich auch eine Zukunft vorstellen zu können. Oder mit Franz Grillparzer weiter argumentiert:

»Die Schlauheit ist daher oft scharfsichtiger und fast immer geschickter als ihr verständiges Gegenbild, eben weil sie einen engern Gesichtskreis hat und man Weniger leichter übersieht als Viel. Nur zu oft aber entgeht ihr der kaum errungene Nutzen, und der Held von heute ist das Gespött von morgen.«

Zwei Journalisten versuchten es schon, angeregt durch ein Biermann-Zitat, mich als Gespött vorzuführen, aber sie haben mich noch immer nicht erlegt oder erledigt. Zu viele alte und jetzt dadurch sogar neu gewonnene Freunde verteidigen mich vehement. Journalisten stehen fast Schlange, mich noch interviewen zu können. Wollen sie mich in den Größenwahn treiben? Haben sie keine interessanteren Objekte auf ihrer Agenda? Ich bin doch schon mehrfach geimpft worden gegen Unrechtserlebnisse. Dadurch hat sich in mir ein Rechtsbewusstsein verfestigt, kein Linksbewusstsein.

Ich nehme trotz vieler Warnrufe solche Herausforderung immer wieder an, ohne mich auf das Niveau der Schlauheit herabzulassen, sondern sehe mich weiterhin der theologisch-philosophischen Weitsicht verpflichtet, auch wenn ich die politisch-ideologischen Fallstricke durchaus sehe, mit denen sie mich fesseln wollen. Aber was die Stasi nicht schaffte, das schaffen auch die schlauen Wutgutmenschen nicht, die immer von vornherein wissen, dass links gut, rechts böse, schwarz-rot-golden falsch und grün-rot richtig ist. Was dabei herauskommt, wenn diese Farben gemischt werden, dass soll jeder selber ausprobieren. Sie wollen jedenfalls als stolze Vertreter des Fortschritts ihre Weltsicht für die einzig richtige behaupten, dazu die Natur bezwingen und den neuen Menschen hervorbringen. Derweil schicken sie die eigenen Kinder auf Privatschulen.

Totalitäre Gewissheiten scheinen göttlicher Natur zu sein. »Der Glaube braucht die Feinde«, schrieb Georg Diez einst in einer *Spiegel*-Kolumne, denn das sei, wenn es nach ihm ginge, das »älteste Mittel aller Herrschaft« und suggeriere Sinn. Sorgt wirklich nur feindseliger Sinn »für Zusammenhalt«? Heute teilt eher die Ideologie »die Welt in Die und Wir«, und zwar so anmaßend, infantil und letzten Endes menschenfeindlich wie deren Vorbilder, mögen sie Marx, Herbert Marcuse, Dutschke, Habermas oder als Praktiker Lenin, Stalin, Trotzki, Hitler, Mao, Pol Pot, Castro oder »Che« Guevara geheißen haben.

Ist es nach 100 Millionen Menschenopfern immer noch nicht möglich, endlich einmal zu begreifen, dass gerade jene, die vorgeben, der barbarischen Vorgeschichte der Menschheit den Todesstoß versetzen zu wollen, selber Gestalten dieser Vorgeschichte sind? Wie drückte es Manès Sperber aus? »Sie gehen in den Kampf gegen Götzen mit der Seele von Götzendienern.«

Was können wir noch von diesem jüdischen Schriftsteller, Sozialpsychologen und Philosophen lernen, der es am Ende seines Lebens in Paris gar noch schaffte, aus dem durchaus kritischen Kommunisten Wolf Biermann einen Antikommunisten zu machen?

Wer sich nicht anmaßt, ein Heiliger, ein Weiser oder ein Held zu sein, erst dieser kann jene Demut aufbringen, mit der jede Religiosität beginnt. Das heißt, wie Sperber schrieb, »dass man bei sich wie bei anderen die menschlichen Unzulänglichkeiten als eine Tatsache hinnimmt. Denn wer die Menschheit nicht mit der liebevollsten Geduld betrachtet, der hat nichts von ihr verstanden und wird unausweichlich ihr Feind werden.«

Ich habe nichts gegen Gegner; sie sind von ihrem Wesen her fair und streiten im produktiven Sinn mit mir und ich mit ihnen. Doch Feinde sind jene, die mich willentlich falsch interpretieren, mir falsche Sätze in den Mund legen, mich als Holocaust-Leugner hinstellen oder mir heimliche Sympathie für Nazis unterschieben wollen, um mich heimtückisch oder wütend aus der Gesellschaft herausdrängen und mir die Lebensgrundlage meiner ohnehin kargen Verdienstmöglichkeiten entziehen zu können. Alles Eigenschaften, die Nazis wie Kommunisten, also allen totalitären Ideologen, zu eigen sind und weiterhin auszeichnen. Das konnte der ehemalige Präsident des Verfassungsschutzes, Hans-Georg Maaßen, nur bestätigen:

»Das derzeitige Niveau der Gewalt mit Aggression von Linksextremisten sowohl gegen Polizeibeamte als auch gegen zivile Personen und Einrichtungen ist besorgniserregend.«

Doch so ungnädig will ich diese Journalisten-Jäger, die in großer Überlegenheit dem Linksextremismus und den roten Göttern mehr zugeneigt sind als einem verlegenen Rechten, gar nicht charakterisieren, weil ich eher Mitleid mit ihnen empfinde, denn, wie es so volkstümlich heißt: ihnen schwimmen die Felle davon. Deshalb konstruieren sich die ach so modernen Alle-Welt-Umarmer im Verbund mit den Turbokapitalisten, die ebenso jede Begrenzung und damit das Nationale hassen, ihre Fälle selber zurecht, um die für sie bedrohliche Wirklichkeit oder den immer weiter anschwellenden Bocksgesang nicht wahrnehmen zu müssen. Ihr hintergründiges Motiv hat der ehemalige Stasi-Major und Vernehmer Bernd Roth aus Gera aus seiner damaligen Einstellung heraus anschaulich beschrieben:

»Der Blick auf den mutmaßlichen ›Feind‹ weckte immer besondere Emotionen. Es war der Blick eines Jägers auf seine Beute. Die Tatsache, dass der andere davon nichts fühlen konnte, versetzte mich in eine besondere Stimmung. Ich wusste, dass ich alles daransetzen würde, meine Kreise um ihn immer enger zu ziehen, bis er auf dem bewussten ›Stuhl‹ saß.«

Doch die linke Deutungshoheit selbstgefälliger Sesselfurzer bricht europaweit zusammen. Ihre angehimmelte Mutti-Kanzlerin wurde immer mehr im Sinne des Märchens von Hans Christian Andersen entzaubert. Dadurch entstand, wie es auch der Journalist Alexander Kissler sah, ein panikartiger Alarmismus, »wie er sonst Rechtspopulisten vorgeworfen wird«. Verfolgte man nur die Schlagzeilen in der Presse, dann »lautet[e] das Credo des Teams Merkel: Scheitert die Kanzlerin, scheitert Europa. Tritt Merkel ab, geht der Westen unter. Setzt Seehofer sich durch, ist die Demokratie am Ende. Merkel oder Barbarei.«

Und solche den Stasi-Methoden noch immer verpflichteten Schreiberlinge und deren Hintermänner/Hinterfrauen soll ich noch ernst nehmen? Mir gegenüber haben sie die rote Linie des Anstandes und der Fairness weit überschritten. Dennoch verzeihe ich ihnen, indem ich jederzeit mit ihnen weiterdiskutieren würde. Mit Stasi-Vernehmern habe ich in den insgesamt 17 Monaten Untersuchungshaft schließlich auch gesprochen, leider viel zu viel. Doch seither weiß ich durch Moses:

»Du sollst kein falsches Gerücht verbreiten; du sollst nicht einem Schuldigen Beistand leisten, indem du als Zeuge Gewalt deckst.«

Nach dem Zusammenbruch der DDR lernte ich nicht nur das einst gefürchtete Politbüro-Mitglied Günter Schabowski näher kennen, sondern auch die beiden Stasi-Offiziere Hagen Koch und Günter Schachtschneider. Mit ihnen verband mich bald eine Freundschaft, und wir zogen alle drei aufklärend durch die Gegend. Schabowski und Koch leben leider nicht mehr; Schachtschneider wurde im Jahr 2000 als Verfassungsschutz-Mitarbeiter, der er seit 1993 war, öffentlich enttarnt. Danach verschwand er aus Berlin und ich verlor ihn aus den Augen.

Sogar von Geheimdienstlern des BND habe ich mich schon ausfragen lassen, denn sie interessierten sich plötzlich für mich, als ich mithilfe der Internationalen Gesellschaft für Menschenrechte (IGFM) am 21./22. Oktober 1989 in Frankfurt am Main einen Kongress organisiert hatte unter der Überschrift »Deutschland einig Vaterland?« Ja, das war damals so entspannungsstörend wie verdächtig. Aber Gott stand mir bei, das Herbeigesehnte geschah.

Gott war und ist mächtig. Ihm vertraue ich entschieden mehr als mir selber oder irgendeinem Geheimdienst. Und noch etwas Unvollkommenes fällt mir ein, was mich stärkt und zugleich die Linken entlarvt und sicher erstaunen lässt: Der neue Berliner Flughafen »Willy Brandt« stand sozusagen jahrelang »geschlossen« hinter mir …

Ich werde also nicht irgendwohin fliegen oder fliehen, weder in die innere noch in die äußere Emigration, sondern bleiben, der ich war, der ich bin und auf eigene Faust immer sein werde: »[…] wie im Himmel, also auch auf Erden.«

Schon in meinem jugendlichen Leichtsinn schrieb ich einst ein in der DDR nie veröffentlichtes, jedoch wenigstens von der Stasi beachtetes Gedicht, angeregt von dem damals etablierten Dichter Günter Kunert, den es später ebenfalls in den Westen zog. In seinem Gedicht »IKARUS 64« heißt es: »Tankweis Tränen im Vorrat unabwerfbare: / Fliegen ist schwer.« Ich antwortete unter dem Titel:

AUCH EIN IKARUS

fliegen ist leicht
widerspricht da einer
der schon so oft geflogen ist
dass er kaum noch auf-fällt
wenn er stolpert oder fliegt: auf
die straße auf die fresse auf die spitze
so treibt ers
dass er grundlos gehen muss
obwohl er sich kaum noch rühren kann
doch das rührt ja keinen von denen
die hier das land zum himmel erheben

fliegen ist ein kinderspiel

jeder kann mal fliegen
wer einen rundflug bucht
im land der engen horizonte

aber nur jene
die nicht vom himmel fallen
die man so fallen lässt wie uns
wir fliegen wirklich
bis wir kein land im land mehr sehn

wir sind frech wie die spatzen
lässig überfliegen wir städte stätten und staaten
wir sind schuld- und parteilos
sind weder mit vor- noch mit ersatzteilen belastet
mitunter sind wir die reinsten engel oder deren enkel
auf alle fälle sind wir das himmlische kind
und außerdem sind wir überheblich
weil wir nicht patriotisch oder sonstwie idiotisch
auftreten können
müssen wir fliegen
auch wenn es uns schwerfällt.

Wer ist schuld an den Katastrophen?

Der griechische Philosoph Plotin verglich einst die Erde mit der Rinde eines Baumes, unter der ein treibender Saft verborgen sei, mit der Bestimmung, immer wieder neues, junges Leben hervorsprießen zu lassen und altes auszumerzen. Wird das an sich harmlos klingende Gleichnis mit der Flutwellenkatastrophe in Südasien in Beziehung gebracht, kann ein solches Sprachbild als Zynismus ausgelegt werden. Es gibt derartige Vorlagen zu Tausenden. Doch Plotin war derjenige, der in seiner Abhandlung »Über die Vorsehung« die ausführlichste Rechtfertigung GOTTES in Bezug auf die Übel der Welt verfasste, die das Altertum hervorgebracht hat.

Die Mythen der Menschheit bergen viele Katastrophen. Der Mythos von Noah und der Sintflut ist der bekannteste unseres Kulturkreises; doch in allen anderen Religionen werden ähnliche »Erinnerungen« an eine solche Flutkatastrophe aufbewahrt.

Im Alten Testament lesen wir, wie der Schöpfer des Universums mit ansehen musste, dass »auf der Erde die Schlechtigkeit des Menschen zunahm und dass alles Sinnen und Trachten seines Herzens immer nur böse war«. Wir mutmaßen, wie es ausging. Nur der untadelige Noah, der im Alter von 500 Jahren noch drei Söhne gezeugt hatte, durfte mit der Familie samt drei Schwiegertöchtern und je einem Tierpaar aus dem Angebot der Geschöpfe auf der Arche Noah überleben.

Die Urflut dauerte 40 Tage, und es verendeten »alle Wesen aus Fleisch, die sich auf der Erde geregt hatten«. Willentlich wurden »alle Wesen auf dem Erdboden, Menschen, Vieh, Kriechtiere und die Vögel des Himmels«, also neben dem sündigen Menschen selbst unschuldige Geschöpfe, vom Erdboden »vertilgt«. Nach 150 Tagen nahm das Wasser ab, und die Arche Noah setzte im Gebirge Ararat auf. Nachdem Noah dem Schöpfer des Himmels und der Erde einen Altar gebaut und Brandopfer dargebracht hatte, roch GOTT »den beruhigenden Duft« und sprach bei sich: »Ich will die Erde wegen des Menschen nicht noch einmal verfluchen, denn das Trachten des Menschen ist böse von Jugend an.«

Der Gütige schloss unterm Zeichen des Regenbogens mit seinen missratenen Geschöpfen einen Bund. Daraufhin durften sie sich wieder auf der Erde ausbreiten, was den alten HERRN jedoch noch oft zur Verzweiflung treiben sollte. Dessen ungeachtet versprach er hoch und heilig: »[…] nie wieder soll eine Flut kommen und die Erde verderben.«

Und nun? Es gab 2004 über 280 000 Opfer der Tsunami-Katastrophe. Ob gläubig oder nicht, wir sind immer wieder aufs Neue betroffen und mitfühlend; wir spenden und manche beten. Die Medien füttern uns jedoch bald wieder und immer wieder mit neuen Katastrophen ab. Doch wer rechnet mit GOTT ab? Wer wagt es, ihn noch einmal so couragiert wegen »einer fahrlässig ungerechten, korrupten Aufsichtsführung über das Leben seiner Getreuen« (Erhard S. Gerstenberger) anzuklagen wie einst Hiob? GOTT dürfte von ihm zum ersten Mal die Leviten gelesen bekommen haben, nachdem der Prototyp Adam viel zu feige und unerfahren gewesen war, seinen Schöpfer anzuklagen, der ihn und sein Weib wegen eines simplen Apfeldiebstahls und des Strebens nach Erkenntnis völlig unangemessen bestraft hatte, und nicht nur die beiden, sondern alle Nachkommen von Ewigkeit zu Ewigkeit.

Welcher psychisch gesunde Mensch könnte eigentlich beim Lesen im Alten Testament für GOTT Partei ergreifen? Warum verbot GOTT seinen Geschöpfen ausdrücklich, die Frucht vom Baum der Erkenntnis zu essen? Die Antwort, die Michael Bakunin gibt, ist immerhin eine mögliche: »Er wollte also, dass der Mensch, allen Bewusstseins von sich selbst beraubt, ewig ein Tier bleibe, dem ewigen Gott, seinem Schöpfer und Herrn, Untertan. Aber da kam Satan, der ewige Rebell, der erste Freidenker und Weltenbefreier. Er bewirkt, dass der Mensch sich seiner tierischen Unwissenheit und Unterwürfigkeit schämt; er befreit ihn und drückt seiner Stirn das Siegel der Freiheit und

Menschlichkeit auf, indem er ihn antreibt, ungehorsam zu sein und die Frucht vom Baum der Erkenntnis zu essen.«

Tragisch war ja wirklich der Fall des treuen Hiob, der sich in tiefster Verzweiflung wünschte, nie geboren worden zu sein, da er sich keines Unrechts bewusst war, das seine furchtbaren Strafen hätte rechtfertigen können. »Denn wir, die Leser, sehen, dass die Sache noch sehr viel schlimmer ist, als Hiob vermutet. Er bittet noch um Verständnis. Angenommen er hätte gewusst, dass der Tod seiner zehn Kinder Folge einer Wette war, die GOTT mit Satan abgeschlossen hatte, gleichsam als wären die beiden zwei flegelhafte Schüler, die um die Macht konkurrieren?«

Gestand GOTT seine unverschämte Schuld gegenüber Hiob je ein? Mitnichten! Er ging gar nicht auf dessen berechtigte Klagen ein, sondern fuhr ihm stattdessen mit protzigen Reden seiner kosmischen Leistungen über den Mund. Es mag von dieser Ausgangslage her kaum noch zu vermitteln sein: Von diesem unbegreiflichen und damit unangreifbaren GOTT darf man sich einerseits kein Bildnis machen, andererseits aber zeigt dieser sich selber in den von ihm angeblich inspirierten Heiligen Schriften in schlichter Mannesgestalt: eine ganze Nacht herumprügelnd mit Jakob, dem Betrüger, dem er zwar das Hüftgelenk ausrenkte, ihn aber nicht einmal bezwingen konnte. JAHWE also in Gestalt eines Mannes, der seinen Namen nicht verraten wollte, sagte zu Jakob: »Lass mich los; denn die Morgenröte ist aufgestiegen. Dieser entgegnete: Ich lasse dich nicht los, es sei denn, du segnest mich! Darauf der Unbekannte: Wie heißt du? Jakob, antwortete er. Da sprach der Mann: Nicht mehr Jakob wird man dich nennen, sondern Israel (Gottesstreiter); denn mit GOTT und Menschen hast du gestritten und dabei den Sieg erfochten.«

Jakob hat also GOTT nicht nur von Angesicht zu Angesicht gesehen, sondern ihn sogar in den Schwitzkasten genommen. Bei aller Ehrfurcht vor Mythen, was sollen wir von einem solchen hier vorgesetzten Gottesbild halten? (Freilich, Theologen und sonstige Geisteswissenschaftler haben immer schon auf alles eine Antwort gefunden. Ihr Preis? Das Gelächter der Vorläufigkeit.)

GOTT sandte Äonen später ganz menschlich seinen Sohn Jesus unter die Menschen, um sie, die Sterblichen, aus dieser hoffnungslosen Lage zu erlösen. Sein Schicksal ist uns einigermaßen vertraut. Helmut Gollwitzer urteilte: »Das Leiden Jesu ist das ungerechteste Leiden der Welt.«

Da fragt man sich schon, wenn man die Bibel ernst nehmen will, wie denn die Leiden Hiobs einzustufen sind? Musste der Wanderprediger Jesus nur ein Tausendstel jener Qualen erleiden, die Hiob zugemutet wurden? Ach ja, Jesus, dessen Geburtstag in unserem Kulturkreis selbst noch die Atheisten mitfeiern, war immerhin so freundlich, seinem Jünger Judas zu sagen, es wäre für ihn besser gewesen, nicht geboren worden zu sein. Als der »Gesalbte« dann von den Römern als »König der Juden« aufs Kreuz gelegt wurde, rief er sterbend: »Eli, Eli, warum hast du mich verlassen?« Hiob, der einst selber den Tag seiner Geburt verwunschen hatte, war hingegen mit der Mehrung seines Besitzes um das Doppelte und einem gesegneten Lebensabend entschädigt worden. Er »lebte danach noch hundertvierzig Jahre; er sah seine Kinder und Kindeskinder, vier Geschlechter. Dann starb Hiob, hochbetagt und satt an Lebenstagen.«

Ende gut, alles gut? Nein, er ist tot, doch Jesus, der Wiederauferstandene, lebt. Er thront bekanntlich zur Rechten seines Vaters. Was macht er eigentlich dort so lange in seiner Unendlichkeit? Macht Unsterblichkeit träge? Erwarteten nicht die Evangelisten, die ihn zum Christus kürten, die baldige Wiederkehr ihres Meisters? Wir warten (viele, wenige, alle?) 2000 Jahre später noch immer auf ihn und die Einlösung seiner Versprechen: »Wer mein Wort hört und glaubt dem, der mich gesandt hat, der hat das ewige Leben und kommt nicht in das Gericht, sondern ist vom Tode zum Leben hindurchgegangen.«

Nur wenige Sätze danach lässt der unbekannte Theologe unter dem Pseudonym »Johannes« seinen Jesus erklären, dass der von seinem göttlichen Vater die Vollmacht erhalten habe, Gericht über uns zu halten, bis die Stunde komme, »in der alle, die in den Gräbern sind, seine Stimme hören werden, und werden hervorgehen, die Gutes getan haben, zur Auferstehung des Lebens, die aber Böses getan haben, zur Auferstehung des Gerichts.«

Was nun? Sind wir nicht alle Sünder, ob gläubig oder nicht? Wenn Jesus der Einzige ohne Sünde auf Erden war, was landauf, landab behauptet wird, dann beweist das lediglich, dass er unter Menschen dennoch kein Mensch gewesen sein konnte. Zudem würde es auch passen, dass wohl noch nie ein Mensch weltweit eine solche Wertschätzung und einen solch hohen Bekanntheitsgrad erreicht haben dürfte wie dieser Jude Jesus aus Nazareth, von dem man privat fast nichts Gewisses weiß, der eigentlich nur kurze Zeit öffentlich auftrat, fern von damaligen kulturellen und politischen Zentren. Er hinterließ nichts Schriftliches, sprach in Gleichnissen, von denen er wusste, dass sie zum Teil gar nicht verstanden werden konnten, sodass es schon erstaunlich ist, wie er, der gekreuzigte »Verbrecher«, die Nachfolge allein schon seiner Jünger erreichte und daraufhin zum Christus und Begründer des Christentums werden konnte. Ist das rational auflösbar?

Und was war mit der Gnade, von der Martin Luther so viel zu hoffen wagte? Dietrich Bonhoeffer geißelte wohl zu Recht die von Luther unmöglich gemeinte »billige Gnade«, die nun in den Kirchen als »Schleuderware« verramscht werde, zu einer Zeit, in der ihr schon im Würgegriff der Nationalsozialisten die Luft ausging. Der Historiker und Katholik Michael Hesemann wies nach, dass Hitler die »verjudete Kirche« nicht nur hasste; er wusste auch, was ihr wirklich den Garaus machen konnte, deshalb verfolgte er eine systematische Deprogrammierung der Deutschen. Nie zuvor wurde die Entchristlichung einer Nation fanatischer betrieben als in den beiden sozialistischen Diktaturen: »mit eigenen Sakramenten, Orden, Riten, einem komplexen Credo und immer neuen Gottesdiensten«.

Hitlers erste Rede nach der Machtergreifung feierte schon das »neue deutsche Reich der Größe und der Ehre und der Kraft und der Herrlichkeit und der Gerechtigkeit. Amen!« Was war schon eine Messe im Kölner Dom gegen Speers Lichtdome? Im Bund Deutscher Mädel lernte man ein neues Vaterunser auswendig: »Adolf Hitler, Dein Reich macht die Feinde erzittern, Dein Drittes Reich komme, Dein Wille sei allein Gesetz auf Erden …« Hitlers Projekt war eine absonderlich dämonische Gegenkirche. Der Kulturbruch der Nationalsozialisten, fortgeführt durch die Kommunisten, war eine rabenschwarze und eiskalt berechnete Satansmesse, der in nur zwölf Jahren Millionen Christen, aber vor allem Juden zum Opfer fielen.

Die religiöse Entwurzelung unter der Herrschaft der Kommunisten war noch raffinierter, effizienter und kam nur in der DDR fast ohne Leichen aus, brachte jedoch den Märtyrer Oskar Brüsewitz hervor. Für die SED-Führung war das Flammenzeichen der Selbstverbrennung des Pfarrers die »schlimmste Provokation« seit dem Arbeiteraufstand vom 17. Juni 1953. Was die Jakobiner in der Neuzeit grausam begannen, was Karl Marx, der gar den »Atheismus zum zwangsmäßigen Glaubensartikel« erklären lassen wollte und die »Bismarckschen Kirchenkulturkampfgesetze durch ein Verbot der Religion überhaupt zu übertrumpfen« suchte, in seinem Hass gegen die Religion geistig untermauerte, versuchte Hitler mit vielen Helfershelfern praktisch umzusetzen: »Wir beenden einen Irrweg der Menschheit. Die Tafeln vom Sinai haben ihre Gültigkeit verloren. Das Gewissen ist eine jüdische Erfindung.«

Das, was jedoch am meisten verwundern müsste, ist die von der Soziologie vernachlässigte Tatsache, dass der Siegeszug dieser grauenvollen Überzeugung erst nach 1968 so richtig in Schwung kam, nachdem eine radikale Minderheit von Studenten mit den Transparenten ihrer Idole durch die Straßen gelaufen war: Marx, Engels, Lenin, Trotzki, Mao, Ho Chi Minh, Castro und »El Comandante Che Guevara«; aber selbst Stalin galt den Maoisten und manchen Kommunisten noch als ein Klassiker. Der auch im Westen geschätzte und überschätzte Dichter Stephan Hermlin schrieb ein Geburtstagspoem auf den neuen stählernen Messias, der damals von vielen Intellektuellen rund um den Erdball als solcher empfunden und gefeiert wurde. Als er zur Welt kam, »änderte sich unmerklich die Architektur der Nacht«. Der neue Heiland »organisierte die Berge / Und ordnete die Küsten«, konnte sogar als »Kommissar der Nationalitäten« geschehenes Leid zurücknehmen: »… die abgehauenen Köpfe von Kuala Lumpur, / Die gepfählten Körperstrünke von Vietnam, / Aus den Kellern von Belgrad die Schreie … / Zurückgenommen auch die Wunde meines Landes«.

Erika Riemann, um nur ein Beispiel zu erwähnen, durfte gnadenlos acht Jahre ihrer Jugend hinter Gittern verbringen, nur weil sie als Vierzehnjährige ein Stalin-Bild mit ihrem Lippenstift verziert hatte. Die Linksintellektuellen brachten für diese Opfer, die es dann oft in den Westen spülte, genauso wenig Verständnis auf wie die jeweils Regierenden. Noch schwieriger war der innere Widerstand, den die Widerstandskämpfer der zweiten deutschen Diktatur im frei sich nennenden Westen zu verkraften hatten. Immerhin, am 17. Juni 1990 gedachten Volkskammer und Bundestag im Berliner Schauspielhaus erstmals in einer gemeinsamen Feierstunde der Ereignisse des Volksaufstandes vom 17. Juni 1953. Es war zugleich ein Abschied, denn Wochen später wurde der Feiertag abgeschafft. Als Festredner trat der ehemalige Kirchenfunktionär, spätere Ministerpräsident Brandenburgs und Bundesverkehrsminister, der Stasi-Spitzel »IM Sekretär« alias Manfred Stolpe, auf. Streikführer, die oft lange Haftzeiten verbüßen mussten, hatten dort nichts zu melden. Die Stasi-Spitzel und Funktionäre des totalitären SED-Regimes bekamen zum Teil Hunderttausende Euro Rentennachzahlungen – und das gegen den Willen der letzten und einzigen frei gewählten Volkskammerabgeordneten –, während vom Bundestag eine kleine Pension an die Opfer mehrheitlich abgelehnt wurde.

Das alles ist symptomatisch für die ethisch-moralische und geistig-ideologische Verfassung, besser: Verkommenheit unseres Gemeinwesens, dessen Zusammenhalt sich in den Jahren des Wohlstandes fast nur noch durch Konsum, Spaß, Sport, Steigerungen des Bruttosozialproduktes und großzügige Sozialleistungen definieren ließ, nachdem jegliches nationale oder traditionell christliche Bewusstsein und zunehmend sogar die familiäre Bande systematisch zerstört worden waren. Immer mehr Politiker aller Parteien drängten zur Anerkennung der kommunistischen DDR-Führung. Die Werte der pluralistischen Freiheit verloren in dem Maße an Wert, indem man sie als Selbstverständlichkeit genoss und damit gefährdete. Die sich unaufhaltsam verschärfende Krise wird spannend. Sie kann sowohl zu einer erneuten Katastrophe führen, aber auch zu Neubesinnung und Umkehr, denn nicht zu Unrecht bedeutet das Wort Krise im Chinesischen gleichzeitig auch Chance.

Zum gegenwärtigen Zeitpunkt und Zustand lässt sich, selbst wenn man politisch genau auf der anderen Seite stünde, mit dem jüdischen Publizisten Henryk M. Broder einig werden: »Das Problem mit der deutschen Wirklichkeit ist, dass sie inzwischen eine satirische Qualität erreicht hat, die man nicht toppen kann. Kein Mensch hat die Phantasie, sich die Geschichten auszudenken, die wirklich passieren.«

Selbst Beamte, die ihr regelmäßiges Einkommen haben und kaum die Nöte der Freiberufler und Arbeitslosen nachvollziehen wollen, werden zugeben, dass dieser »komischen« Zeit ein furchtbares Jahrhundert voranging. Und ausgerechnet in diesem 20. Jahrhundert der geistigen Verwirrungen und bisher größten Massenmorde wünschten sich moderne Theologen sogar die Hölle leer, was Situationen hervorrufen würde, die es Leuten wie mir gar nicht wünschenswert erscheinen ließen, in das Himmelreich zu kommen. Oder möchten Sie – um Himmels willen! – in der Ewigkeit solchen Typen wie Hitler oder Stalin begegnen?

Von theologischer Klarheit, ganz zu schweigen von politischer, kann wohl keine Rede sein, zumal es schon nicht einfach ist, an den einen GOTT zu glauben, der sich nicht nur aufsplittert in Vater, Sohn und Heiligen Geist, sondern sich unter allen drei Aspekten in widersprüchlichsten Facetten darstellt oder darstellen lässt. So ist und bleibt uns wohl das anstrengende Problem,

Glauben und Vernunft unter einem Schädeldach in Balance zu halten. Doch solche Herausforderungen, wenn man sie denn annimmt, können durchaus zu geistigem und geistlichem Wachstum beitragen, doch ebenso – so lebensgefährlich und ambivalent ist das Leben eben – zu noch größerer Verwirrung mit unvorhersehbaren Folgen.

Theologen, Philosophen und Wissenschaftler aller Sparten haben bisher noch nichts ausgelassen, die Wahrheit, das Richtige oder das Evidente desgleichen von den Zugängen der Unwahrheit, der Falschheit oder dem Latenten her zu erforschen, den Teufel also vom Schwanz her aufzuzäumen. Jedes vorläufige Interpretationsergebnis fand unzählige Umsetzer, die all das, was zugleich immer mehr geglaubt als verstanden wurde, ins praktische Leben, in abstruse Handlungen oder Haltungen transferierten. Die Bibel des Irdischen, das Guinness-Buch der Rekorde, zeigt davon nur einen winzigen Ausschnitt.

Kein Ansatz kann also falsch genug sein, um nicht zu einer Erkenntnis zu gelangen; keine Sünde zu groß, um nicht am Ende ein Paulus oder Augustinus werden zu können. Ohne Opfer, die auf der Strecke bleiben, ist kein Fortschritt möglich, selbst wenn man mit einem Tuch vor dem Mund und mit einem Besen jeden Schritt vor sich bereinigen möchte, um ja kein Geschöpf GOTTES unbeabsichtigt zu verschlucken oder zu zertreten. Selbst Vegetarier vernichten

Leben, indem sie Pflanzen essen. Zu Ende gedachte Konsequenzen können zu dem nihilistischen Ergebnis führen, dass es das Beste sei, überhaupt nicht geboren worden zu sein, nur um an nichts schuldig werden zu müssen. Die Sehnsucht nach einem Wesen, das all diese Mängel nicht besitzt und in keiner dieser Fallen sitzt, kann sowohl zum Wahnsinn als auch zu einer gesunden Demut führen.

Dabei hatte sich über Jahrhunderte hinweg ein Gottesbegriff herauskristallisiert, der den »lieben GOTT«, der im Urtext unter dem Namen »El Schaddaj« geführt wurde, nun zum allmächtigen, gütigen und allwissenden Übervater stilisierte. El Schaddaj kann jedoch nach Meinung der Experten nur in Richtung Gewaltausüber oder Erhabener übersetzt werden. Die hellenistische Vorstellung einer Gottheit des reinen absoluten Seins ohne Entwicklung und Werdegang stimmt keinesfalls mit dem überein, was wir in der Bibel über GOTT selber nachlesen können. GOTT offenbart sich als ein GOTT, der – und hier kann ich nur dem jüdischen Philosophen Hans Jonas zustimmen – in und mit der Zeit seine Schöpfungen aus dem Nichts vollbrachte, »anstatt ein vollständiges Sein zu besitzen, das mit sich identisch bleibt durch die Ewigkeit«.

GOTT kann nicht jenseits unserer Weltwirklichkeit und Zeitlichkeit existieren, wenn er sich um seine Geschöpfe sorgt und in höchster Sorge sogar seinen eingeborenen Sohn auf die Erde sandte. Dadurch ist er

»verwickelt in das, worum er sich sorgt«. Es liegt also nahe, dass GOTT alles ist, nur nicht allmächtig, denn Güte und Allmacht schließen einander aus, zumal die Allmacht, wie Jonas in seiner Rede »Der Gottesbegriff nach Auschwitz«, die er im Juli 1984 beim Katholikentag in München hielt, sinnvoll schlussfolgerte, »ein sich selbst widersprechender, selbstaufhebender, ja sinnloser Begriff ist«. So unsinnig absolute Freiheit ist, die ohne notwendige Begrenzung ins Leere läuft, so hebt sich totale Macht ebenfalls auf, die nach Hans Jonas nicht den geringsten Widerstand spürt oder duldet: »Absolute Macht hat dann in ihrer Einsamkeit keinen Gegenstand, auf den sie wirken könnte.«

Würde man GOTTES Güte, also seine angeblich unendliche Liebe, ähnlich anspruchsvoll betrachten, käme man zu einem verwandten Ergebnis, denn All-Liebe passt nur zur Wunsch-Welt eines Tyrannen. Liebe gibt es nicht pur; sie hat immer die Einfärbungen des Tragischen, um nur einen symbolischen und den Hass einschließenden Aspekt anzuführen, und erfährt von daher ihre Bestätigung. Die Allwissenheit gehört zwar zum Begehren jedes Despoten, doch das Misstrauen, das diese Alleinherrscher plagt, lässt den unüberbrückbaren Abstand zu diesem Ideal erahnen, obwohl sie Unsummen in ihre Geheimdienste investieren. Göttliches Allwissen hingegen darf neidlos vermutet werden. Das macht GOTT jedoch zu einer leidenden und tragischen »Figur«, denn alles zu wissen, alles zu sehen und zu hören, aber nicht alles abwenden oder bewirken zu können, lässt Ohnmacht ebenso zu wie die Möglichkeit, nicht alles beachten zu wollen. Nur die göttliche Selbstbeschränkung ermöglicht den Spiel-Raum der Autonomie, ja der Existenz unserer Welt inklusive ihrer Zufälligkeiten überhaupt.

Im Mai 1942 schrieb Dietrich Bonhoeffer an eine seiner Schwestern den mir sympathischen Satz:

»Es ist gut, früh genug zu lernen, dass Leiden und Gott kein Gegensatz sind, sondern eher eine notwendige Einheit; für mich ist die Idee, dass Gott selber leidet, immer das weit überzeugendste Stück christlicher Lehre gewesen.«

Eigentlich ist diese Schwäche die Stärke gegenüber Religionen, deren Glaubensstifter wie Mohammed kriegerisch veranlagt waren. Und noch etwas wird deutlich, was von Bonhoeffer zu lernen ist, nämlich der Unterschied zum Religiösen. Es kann durchaus sein, wie Hirnforscher gegenwärtig behaupten, dass wir in den Temporallappen hinter den Ohren ein religiöses Areal, gewissermaßen ein »Gottes-Modul« besitzen, dass es also eine neuronale Basis für religiöse Erfahrungen gibt und somit das religiöse Denken im Gehirn der Menschen genetisch gar vorprogrammiert ist. Ebenso denkbar ist es, dass diese nicht wegzuleugnenden religiösen Bedürfnisse selbst die funktionalistische Ansicht des Soziologen Thomas Luckmann bestätigen können, nach der manche auch beim

Autowaschen oder beim Fußballspiel transzendental erregt werden, was ich jedoch für mich ausschließen kann. Bedeutsam bleibt doch die Frage: Was macht uns Menschen zu Christen?

Ein bekennender Christ wie Bonhoeffer, für den Jesus als Transzendenzerfahrung in Betracht kam, erfährt im Gegensatz zum nur religiös empfindenden Menschen »die Umkehrung von allem, was der religiöse Mensch von Gott erwartet. Der Mensch wird aufgerufen, das Leiden Gottes an der gottlosen Welt mitzuleiden [...] er muss ›weltlich‹ leben und nimmt eben darin an dem Leiden Gottes teil. Er darf ›weltlich‹ leben, d. h., er ist befreit von den falschen religiösen Bindungen und Hemmungen.«

Dass GOTT uns, also einer Masse unterschiedlicher, untereinander zerstrittener und miteinander konkurrierender Individuen, als Stellvertreter in der Rolle seines Ebenbildes auf der winzigen Erde am Rande des Universums menschenmögliche Freiheiten und Spontaneität zukommen ließ, könnte beweisen, dass GOTT auf einen Teil seiner »absoluten« Macht verzichtet haben muss. Unbeschränkte Freiheit scheint paradoxerweise berechenbarer zu sein als beschränkte, weil totalitäre Macht total korrumpiert. Deshalb ist totalitäre Macht auf Verschleierung, auf Mystifizierung angewiesen, da sie dem teuflischen Zweck dient, die furchtbaren und unbegrenzten Reiche des Utopischen gegen die Realitäten im Sinne einer dem Menschen vorgegebenen Faktizität auszutauschen. Das natürlich Vorgegebene soll verschwinden zugunsten des Ausgedachten. Sehen sich Menschen einer solchen Scheinrealität aussichtslos ausgesetzt, in der es keinen Platz für ihre Entfaltung mehr gibt, weigern sich viele, noch ihren angeborenen Sinnen zu trauen, und werden apathisch.

Menschliche Götter wollen stets Marionettentheater errichten. Derjenige, der da nicht mitspielen will, wird erst korrumpiert, dann erpresst oder in Lager gesperrt, wo er, ganz abgesehen von den finalen Vernichtungsorgien, schon so behandelt wird, als wäre er nicht mehr existent. In solcher Lage entdeckt man oft eine Alternative: GOTT. In der Not tröstet allein die Einsicht, dass GOTT ein so böser Diktator nicht sein kann, selbst wenn er um unserer Freiheit willen nicht unmittelbar in jedes böse Geschehen eingreift, nicht eingreifen kann, weil seine Allmacht, so denkt frei- und wehmütig der Gefangene, zugunsten unserer Freiheit eingeschränkt sein muss. Sosehr diese Erkenntnis schmerzen mag, sie befreit von jedem Wunder-, also Aberglauben, zumal »es leichter ist, das Leben als Strafe zu sehen, denn als ganz und gar sinnlos« (Susan Neiman).

Die grenzenlose Steigerung von Macht zur Allmacht scheint also nicht nur auf unserer Erde nicht zu funktionieren. Selbst in der einst einzigen und größten DDR der Welt, wo die Einheitspartei als »Hauptverwaltung

›Ewige Wahrheiten‹«, wie der Edelmarxist Robert Havemann spottete, zusammen mit ihrem »Schild und Schwert«, also der Stasi, über die Reinheit der »einzigen wissenschaftlichen Weltanschauung des Marxismus-Leninismus« wachte, kam es zu einem unlösbaren Dilemma. Den neuen Menschen in der sozialistischen Menschengemeinschaft sollten drei Merkmale auszeichnen: Parteilichkeit, Ehrlichkeit und Intelligenz. Doch es passten immer nur zwei Eigenschaften zusammen. War man parteilich und ehrlich, fehlte es an Intelligenz; hatte man diese und war dazu parteilich, konnte man nicht ehrlich sein; war man jedoch ehrlich und intelligent, konnte man unmöglich für dieses System Partei ergreifen.

Die Vorlage dieser Argumentation ist uralt. Sie stammt von dem griechischen Philosophen Epikur, dessen Argumente bis heute wirken und zu einem »Fels des Atheismus« (Georg Büchner) versteinert sind. Der Cicero-Anhänger Lactantius, der die christliche Heilslehre in die römische Gedankenwelt transferieren half, fasste Epikurs Argumentation treffend zusammen: »GOTT will entweder das Übel und Leiden abschaffen, aber er kann es nicht – dann ist er ohnmächtig und nicht göttlich; oder: er kann es und will es aber nicht – dann ist er böse und im Grunde teuflisch; oder: er will es und kann es – woher kommt dann das Böse und warum macht er ihm kein Ende?«

Hier wollen ebenso drei Aussagen nicht zusammenpassen:

1. GOTT ist allmächtig.
2. GOTT ist der Liebende.
3. Das Übel existiert in der Welt.

Welche Aussage ließe sich verwerfen? Dieses Problem macht die Grundlage aller theologischen Fragen aus, auch wenn es die Theologen gern abstreiten und so tun, als gäbe es Wichtigeres. Oder ist Hiob die Frage und Jesus die Antwort? Mit keinem rhetorischen Trick lässt sich die Frage überzeugend beantworten: Wie kann ein liebender GOTT das katastrophale Leid und Elend in der Welt zulassen?

Erst durch den deutschen Philosophen und Universalgelehrten Gottfried Wilhelm Leibniz bekam der zigtausendste Versuch, GOTT gegenüber seiner Infragestellung in Schutz zu nehmen, einen bis heute gültigen Namen: Theodizee. Der Name wurde zum Begriff des Versuches, den Glauben an die Gerechtigkeit, Weisheit und Güte GOTTES mit dem real existierenden Bösen in Einklang zu bringen.

GOTT handelt, so Leibniz, nach dem »Prinzip des zureichenden Grundes«; er nahm sich die Freiheit, die bestmögliche aller Welten zu schaffen, sodass die physischen und moralischen Übel zur Mitfolge gehören. Wir kennen das nur allzu gut unter dem

Apotheker-Stichwort »Nebenwirkungen«. Leibniz bestritt, dass eine vorstellbare Welt ohne Sünden und Leiden besser sein könne als diejenige, die der Schöpfer als beste ausgewählt habe. Immerhin, die gütige Denkmöglichkeit des lebenslustigen Barockmenschen löste endlose Kontroversen aus. Sein Theodizee-Essay wurde zum »Grundbuch der deutschen Aufklärung«, und das 18. Jahrhundert soll nach Carl-Friedrich Geyer das »Jahrhundert der Theodizee« gewesen sein.

Der skeptische Denker Pierre Bayle, der scharf den Glauben von der Vernunft abgrenzte, versuchte gar nicht erst, das Böse mit der Liebe GOTTES vereinen zu wollen, denn es sei besser, das Böse lieber Satan als GOTT zuzuweisen. Doch so gelangte er wieder zu einer Variante des altpersischen Manichäismus, einer Lehre, die, aus dem babylonischen Gnostizismus kommend und später mit christlichen Elementen gespickt, den gleichstarken Kampf zweier Prinzipien predigte, eines guten und eines bösen, sodass Satan faktisch GOTT als ebenbürtig gegenübergestellt wurde.

Der moderne Dualismus, der vor allem unser moralisches und politisches Denken prägt, hat von alters her viele Väter und scheint die Rahmenbedingungen unserer Conditio humana auszumachen oder ausmachen zu wollen. Ebenfalls bei scheinbarer Offensichtlichkeit sollte ein Skeptiker nicht seine Skepsis aufgeben, denn die Kluft zwischen Sein und Sollen, zwischen Glauben und Vernunft und zwischen vielen anderen wesentlichen Gegensätzen lässt sich in jeder Epoche immer nur vorübergehend schließen, begründen oder mit Anstrengung auseinanderhalten. Wer solches begründet, hat desgleichen immer die wechselvolle Geschichte mit ihren unzählbaren Geschichten im Blick und eröffnet sich Spielräume zwischen Zufall und Notwendigkeit, zwischen Freiheit und Befangenheit.

In Georg Büchners Drama *Dantons Tod* heißt es: »[…] schafft das Unvollkommene weg, dann allein könnt ihr Gott demonstrieren […]. Man kann das Böse leugnen, aber nicht den Schmerz […]. Warum leide ich? Das ist der Fels des Atheismus. Das leiseste Zucken des Schmerzes, und rege es sich in einem Atom, macht einen Riss in der Schöpfung von oben bis unten.«

Selbst diesem Riss lässt sich mit dem großen Denker des 20. Jahrhunderts, Martin Heidegger, noch etwas abgewinnen, denn die Besinnung in der neuzeitlichen Philosophie der Subjektivität »steht auf der Seite der Zerrissenheit – nämlich des Bewusstseins. Dieses Zerrissene ist durch seinen Riss offen für den Einlass des Absoluten. Für das Denken gilt: Die Zerrissenheit hält den Weg offen in das Metaphysische.«

Fast klingt es, als wolle der abgefallene Theologe Joachim Kahl hierzu etwas ergänzen: »Die hier vorausgesetzte Metaphysik ist eine Metaphysik ohne Goldgrund, eine nicht-religiöse, philosophische Theorie des Weltganzen. Erklärter- und unvermeidlicherweise verlässt sie den Bereich des empirisch Gegebenen, ohne freilich den Boden der Rationalität zu verlassen. Sie entschwindet nicht in eine ›höhere Welt‹, sondern denkt, was nicht sinnlich fassbar, aber denknotwendig ist: die Welt als Gesamtzusammenhang, als Verschränkung von Teil und Ganzem, von Relativem und Absolutem.«

Doch was nützten alle Metaphysik und alle Kritik an ihr dem, der nicht den Verheißungen glauben kann, die uns der Evangelist Johannes aufzählt? GOTT soll uns angeblich jede Träne von den Augen wischen, »und es wird keinen Tod mehr geben, auch keine Trauer, keinen Klageschrei, keine Mühsal wird es mehr geben, denn das Frühere ist vorbei.« Vorbei, vergessen, vorüber? Feuchtfröhlich nach dem Motto: In fünfzig Jahren ist alles vorbei?

Selbst wenn es so käme, so fragt sich der frei Denkende, wer stillt die Tränen derer, die bei der Flutwelle mit ansehen musste, wie die eigenen Kinder in den Tod gerissen wurden? Der Schmerz, der mir jetzt das Leben unerträglich machen will, ist der je wieder ungeschehen zu machen? Bei kleineren Wehwehchen darf man auf die nachfolgende Freude spekulieren, wenn der Schmerz nachlässt. Aber es gibt Schmerzen, die nicht nachlassen und zu einer grausamen Entfremdung von einem gesunden Leben oder gar zu seinem Ende führen. Erlebte und erlittene Zeit kann auch die

Allmacht GOTTES nicht zurückspulen, das Geschehene also nicht mehr ungeschehen machen, oder?

Entschädigung für erlittenes Unrecht oder Unglück kann nur lindernd sein, aber eine »echte« Wiedergutmachung, sozusagen eine Systemwiederherstellung wie am Computer durch das Zurückschalten auf einen früheren Zeitpunkt, kann es im richtigen Leben nicht geben. Wenn GOTT nach unserem Tod zaubern kann, indem er danach Gerechtigkeit und Leidlosigkeit und weiß der Teufel was noch alles schaffen kann, dann drängt sich schon die Frage auf, warum er Erdbeben-, Kriegs-, Folter-, Mord-, Krankheits- oder Verkehrsopfer nicht zuvor verhüten kann. Was nützt also die fadenscheinige, in Aussicht gestellte Kompensation im Jenseits? Wäre das Leben noch grausamer ohne diese Wunschvorstellungen nach Erlösung?

»Aber die Feiglinge und die Treulosen, die Gemeinen und die Mörder, die Unzüchtigen und die Zauberer, die Götzendiener und die Lügner, alle haben ihren Anteil in dem Pfuhl, der von Feuer und Schwefel brennt«. Wie oft muss man aber feige gewesen sein oder gelogen haben, um gnadenlos den feurigen Aussichten ausgesetzt zu sein? O GOTT, dem ist mit Logik ebenso wenig beizukommen wie dir!

Als 1755 mit Lissabon eine der reichsten Städte der Welt durch ein Erdbeben und eine damit ausgelöste Feuersbrunst zerstört wurde, wobei etwa 15 000 Tote zu beklagen waren, entbrannten philosophische und theologische Debatten in ganz Europa, an die angesichts der Flutkatastrophe in Südasien wieder angeknüpft wurde. Freilich, die Stimmen, die solche Erdbeben als Zeichen GOTTES und der Endzeit sehen, bleiben heute auf Sekten beschränkt und bestimmen nicht mehr die öffentliche Debatte. Seit dem Beben in Lissabon versuchen tapfere Denker die Verantwortung einer entzauberten Welt auf sich zu nehmen.

Doch nach den von unserer Gattung selbstverschuldeten Katastrophen des 20. Jahrhunderts, die von den Giftgaseinsätzen im Ersten Weltkrieg bis zu den Atombombenabwürfen am Ende des Zweiten Weltkrieges reichten und sich über die systematischen Menschenmassenvernichtungen unter Lenin, Stalin, Hitler, Mao Tse-tung und Pol Pot erstreckten und sich, wenn auch in unscheinbarerem Maße, weiter ereignen, obwohl sich heute lediglich alles auf Auschwitz verkürzen will oder soll und damit nur wieder neue Konfliktherde schwelen lässt, hat das Leid als Ausfluss des Bösen, das zumeist unter der Maske des Guten daherkommt, Dimensionen erreicht, aufgrund derer man eigentlich jede Hoffnung auf die Existenz eines liebenden, allwissenden und allmächtigen GOTTES oder daneben jeglichen Glauben an die umsetzbare Möglichkeit von Brüderlichkeit unter uns Menschen fahren lassen müsste.

Ein Bekenntnis zum Leben, zur Entwicklung unseres Wesenskerns, zum Glauben an die Erlösung und

Errettung wenigstens unserer Seelen angesichts der angedeuteten Absurditäten und der Zumutungen durch ideologisch vernagelte Politiker und laue Heilsverkünder leer gewordener Kirchen verlangt regelrecht das Überschreiten von Vernunftgrenzen ins Transzendente, schreit nach Religion, um unsere todbringende Rationalität überbieten zu können, anstatt sie nur zu unterfüttern. Bonhoeffers »Nachfolge« wäre zu diskutieren, noch besser: einiges davon zu beherzigen. Im Gestapo-Gefängnis erkannte er 1944: »Wir gehen einer völlig religionslosen Zeit entgegen; die Menschen können einfach, so wie sie nun einmal sind, nicht mehr religiös sein. [...] Unserem ganzen bisherigen ›Christentum‹ wird das Fundament entzogen, und es sind nur noch einige letzte ›Ritter‹ oder ein paar intellektuell Unredliche, bei denen wir ›religiös‹ landen können. [...] Wie kann Christus der Herr auch der Religionslosen werden? Gibt es religionslose Christen?«

Es dürfte spannend sein, zu diskutieren, ob diese Fragen in jene Richtung zielen, die der Soziologe Thomas Luckmann in seinem Essay *Die unsichtbare Religion* aufwarf, in dem er sich gegen die weitverbreitete Vorstellung wandte, dass sich die Religion im Zuge der fortschreitenden Säkularisierung allmählich aus der Gesellschaft entferne. »Vielmehr handle es sich«, so Christoph Bochinger, »um einen Verlagerungsprozess. Religion verlagere sich aus ihrem traditionellen, kirchlich-institutionellen Rahmen in Bereiche der Gesellschaft, die traditionell nichts mit Religion zu tun haben. Sie werde in diesem soziologischen Sinne ›unsichtbar‹, dass sie nicht mehr in der überkommenen, institutionalisierten Form verortet werden kann. Die Kirchen bleiben sonntags leer, aber Religion findet trotzdem statt, vielleicht auf dem Fußballplatz oder im Theater, vielleicht beim samstäglichen Autowaschen oder bei der Bergtour im Sommerurlaub. Dem liegt ein sehr weiter, funktionalistischer Religionsbegriff zugrunde. Religion hat bei Luckmann die Funktion der Bewältigung von Transzendenzerlebnissen.«

Das alles könnte, so dürften Kritiker argumentieren, auch eine Entkernung des Religionsbegriffs verdecken wollen, die mit einer Verramschung des Prädikats »Religion« einhergeht. Eine solche Instrumentalisierung von Religion wird vor allem von Theologen selbst betrieben, freilich durch Unterstützung namhafter Religionssoziologen, die mit einem funktionalen Religionsbegriff hantieren, der mittlerweile so unscharf geworden ist, dass man nunmehr in allen Sparten der Unterhaltung, der Werbung und des Sports Religiöses anzutreffen vermeint. Solche funktionalen Religionsbestimmungen, deren inhaltlicher Bezug gegen null tendiert, könnten am Ende praktische Religion lächerlich und somit unmöglich machen.

Aufgeklärte Religionsphilosophen sehen in der Religion nur noch eine Kinderneurose der Menschheit, also eine allgemein menschliche Zwangsneurose, die wie die Zwangsneurosen der Kinder aus der Vaterbeziehung, mithin aus Sigmund Freuds berühmtem »Ödipuskomplex« stammt. So wie man Kindern gegenüber die symbolische Verschleierung der Wahrheit unterlassen und ihnen die Kenntnis der realen Verhältnisse in Anpassung an ihre intellektuelle Stufe nicht versagen solle, so sei auch bei der religiösen Aufklärung zu verfahren. Die affektive Kulturgrundlage sei mittels irreligiöser Erziehung durch eine rationelle zu ersetzen.

Als gebranntes Kind einer kommunistischen Erziehungsdiktatur vermute ich nicht nur affektiv, dass die aufgeklärte Welt in der Gegenwart nicht besser wird, sondern gefahrvoller. Umso bereitwilliger bietet sie Fluchtwege in utopische Hoffnungen an, obwohl das Ende der rostigen Fahnenstange von Ernst Blochs Utopie längst erreicht wurde. Doch die Hoffnung auf ein Paradies auf Erden oder eine wohlgeordnete, übersichtliche Welt nach einem erneuten Führerprinzip macht noch keine Religion aus, taugt nicht einmal als Ersatzreligion. Eine solche Einsicht nötigte selbst die Ikonen linker Fortschrittsintellektueller, Theodor W. Adorno und Max Horkheimer, in ihrer *Dialektik der Aufklärung* zu dem apodiktischen Satz: »Aufklärung ist totalitär.«

Einsichtsvoll erkannten sie, dass die »Paradoxie des Glaubens« zum Mythos des 20. Jahrhunderts entartet und »seine Irrationalität zur rationalen Veranstaltung in der Hand der restlos Aufgeklärten« verkommen sei, »welche die Gesellschaft ohnehin zur Barbarei hinsteuern«.

Doch es wachsen immer wieder massenhaft Unbelehrbare heran, denen die zwei Versuche, Sozialismus national oder international zu etablieren, anscheinend noch nicht genug Opfer gefordert haben. Diese Gutmenschen, die bestimmen, was anständig ist, obwohl sie das Gegenteil vorleben, steuern tatsächlich auf eine neue totalitäre Barbarei zu, die sich schon in der zunehmenden Einschränkung von Meinungsfreiheit zeigt, denn sie tun so, als hätten sie die Wahrheit zu verwalten. Diese Spießbürger, die schon Max Weber aufs Korn genommen hatte, haben sich an die Herrschaft gemobbt: »[...] ein Typ, dessen ganzer Ehrgeiz sich auf materielle Ziele konzentriert und auf das Interesse der eigenen Generation beschränkt ist, dem jedenfalls das Bewusstsein ›für das Maß der Verantwortung gegenüber unserer Nachkommenschaft fehlt‹.«

Dabei käme es tatsächlich darauf an, verantwortlich gegenüber dem Ganzen in der Wahrheit, also in der Nähe des undenkbaren GOTTES zu leben. Das immunisiert gegen die Anmaßung, an die Stelle GOTTES selber treten zu können, was nämlich bedeutete, ebenfalls seine »Funktion als Angeklagter der Theodizee« (Odo Marquard) zu übernehmen. Angesichts solcher Überforderung ist es wohl besser, sich des Preises seiner Freiheit bewusst zu werden: »Der Mensch wird gewiss nicht dadurch zum Menschen, dass er Böses tut, aber er ist nur so Mensch, dass er Böses tun kann. Wer einem Menschen diese Fähigkeit nimmt, zerstört dessen Personalität.«

Jeder Versuch, nach allzu menschlichem Maß eine friedliche, harmonische Welt unter Verzicht auf personale Freiheit errichten zu wollen und dabei den Jakobinern aller Zeiten gar noch das Hinrichten der Störenfriede zu überlassen, mündet unweigerlich im Totalitarismus, der bisher noch immer Steigerungsmöglichkeiten offenbarte. Dem Ausmaß, dem sich solche das angeblich Böse beseitigen wollenden Regime nicht nur an Menschenopfern, sondern ferner an Opfern von Natur, Kultur und Lebensqualitäten aussetzten, konnte bisher, abgesehen von der biblischen Sintflut, noch keine Naturkatastrophe im wahrsten Sinne des Wortes das Wasser reichen. Emmanuel Lévinas erklärte in der Auseinandersetzung mit Leibniz zur ersten Frage der Metaphysik: »Warum gibt es das Böse und nicht vielmehr das Gute?« Der Unterschied zwischen Gut und Böse gehe »der ontologischen Differenz voraus. Ja, Differenz selbst ist dieser Unterschied; in ihm entspringt Bedeutung.«

Die eigene »biblische Geschichte« lässt sich nicht im Vorhinein deuten, sowenig sich von vornherein ein sinnvolles Leben erschließen oder gar beschließen lässt. Sinn und Bedeutung lassen sich erst ab einer gewissen Reife herausfinden, also erst gegen Ende eines Lebens. Dann lässt sich, sofern der Verstand noch wach ist, begründet hoffen, dass das Leben insgesamt, also über das je meinige hinaus, weiterführt. Wohin, zu welchem Ziel? Das allein weiß GOTT. Er muss es wissen, denn Er kennt unsere Leistungen und Sünden von A bis Z, weil Er außerhalb unserer Zeit als Zeichen seiner unbestrittenen Allwissenheit Vergangenheit, Gegenwart und Zukunft zugleich überblicken kann. Er weiß von allen und allem zu aller Zeit alles. Aber das nützt ihm wenig. Wir jammern und klagen, wir sündigen und sind anmaßend wie in den Zeiten des Alten Testaments; der Neue Bund oder der Opfertod seines eingeborenen Sohnes haben uns weder klüger und göttlicher noch dankbarer werden lassen. Wir bleiben uns selber genauso ein unlösbares Rätsel, wie GOTT uns ein gefährliches Geheimnis bleibt. Demgegenüber steht das Banale, das zwar die Welt nicht erschüttert, aber sie erhält.

Denn gerade dadurch, dass wir vielleicht etwas Unnützes, das »situativ nicht Notwendige« tun, im Kaffeehaus sitzen, durch die Straßen bummeln oder ineffizient auf Bergen herumkraxeln, Zerstreuung suchen oder in sinnlosen Wettbewerben unsere Leistungsgrenzen testen, dass wir beten oder hymnische Gedichte verfassen, werden wir erst zu Menschen. Wir handeln dann aus einem »Überschuss an Sinnfrage und -erfahrung«, schreibt Karl-Heinz Ohlig und folgert: »Religion ist evolutiv überflüssig und zugleich eben dadurch zutiefst human.«

Zur Würze unseres Daseins könnte es auch gehören, mit GOTT ins Gericht zu gehen, vor allem, wenn es aus tiefster Leiderfahrung geschieht und sich mit Ernst, Ironie und gutem Stil äußert, so wie es sich erhellend in dem Gedicht »Finsternis« von Paul Celan trotz Anklage, Zorn und Spottlust zu einer geradezu ungeheuerlichen Sehnsucht nach Erlösung verdichtet:

TENEBRAE.

Nah sind wir, Herr,
nahe und greifbar.

Gegriffen schon, Herr,
ineinander verkrallt, als wär
der Leib eines jeden von uns
dein Leib, Herr.

Bete, Herr,
bete zu uns,
wir sind nah.

Windschief gingen wir hin,
gingen wir hin, uns zu bücken
nach Mulde und Maar.

Zur Tränke gingen wir, Herr.

Es war Blut, es war,
was du vergossen, Herr.

Es glänzte.

Es warf uns dein Bild in die Augen, Herr.
Augen und Mund stehn so offen und leer, Herr.

Wir haben getrunken, Herr.
Das Blut und das Bild, das im Blut war, Herr.

Bete, Herr.
Wir sind nah.

Biographie

Siegmar Faust wurde als Sohn der technischen Zeichnerin Ingeborg Kayenberg und eines Zyprioten, der als britischer Soldat der Antihitlerkoalition in deutsche Kriegsgefangenschaft geraten war, geboren. Er wuchs in Heidenau bei Dresden auf. Nach dem Abitur auf einer Sportschule studierte er ab 1964 Kunsterziehung/ Geschichte an der Karl-Marx-Universität Leipzig, von der er im Sommer 1966 exmatrikuliert wurde, weil er eine Vorlesung mit unzensierter Lyrik organisiert hatte. Nach der friedlichen Revolution in der DDR wurde vom Rektor der Universität 1993 dazu festgestellt, dass die Exmatrikulation eindeutig politisch motiviert war und damit einen zeittypischen Akt ausgeübter Willkür gegen Andersdenkende darstellte.
Nach Bewährung in der Produktion wurde ihm erneut ein Studium am Leipziger Literaturinstitut »Johannes R. Becher« gestattet, das er im Frühjahr 1968 wieder aus politischen Gründen mit einem Viertel der dortigen Studenten verlassen musste. Seinen Lebensunterhalt verdiente Faust überwiegend als Hilfsarbeiter, nebenher war er schriftstellerisch tätig. Seit 1968 wurde Faust von der Stasi beobachtet und verfolgt. Als seine Versuche, in der Bundesrepublik zu veröffentlichen, aufgedeckt wurden, erfolgte eine erste Inhaftierung.

Nach seiner Freilassung verdingte er sich als Transportarbeiter.

Im Sommer 1968 initiierte er die Stauseelesung von Leipzig, die weitere politische Repressalien, aber auch die Entdeckung Wolfgang Hilbigs als Lyriker zur Folge hatte. Nachdem ein offizieller Ausreiseantrag durch die DDR-Behörden abgelehnt worden war, initiierte er unter Verweis auf die Mitgliedschaft der DDR in den Vereinten Nationen eine von 45 Personen unterzeichnete Petition »Gegen die Verweigerung der Menschenrechte«. Daraufhin wurde er erneut inhaftiert und vom Bezirksgericht Dresden zu vier Jahren und sechs Monaten Haft verurteilt.

Wegen »staatsfeindlicher Hetze« war Faust, der sich damals noch als Marxist verstand, in den 1970er Jahren insgesamt 33 Monate inhaftiert, davon 17 Monate in Stasi-Untersuchungshaftanstalten, sieben Wochen im Haftkrankenhaus für Psychiatrie Waldheim (»Klapsmühle Waldheim«), die übrige Zeit im Zuchthaus Cottbus.

Dort stellte er dem SED-Zentralorgan *Neues Deutschland* elf handgeschriebene Zeitungen *Armes Deutschland* gegenüber, die von Hand zu Hand gereicht wurden.

Dafür wurde Faust über 400 Tage in einer doppelt vergitterten, feuchten und kalten Kellerzelle (»Tigerkäfig«) gefangen gehalten. Mithäftlinge unterstützten ihn und schmuggelten Schreibzeug in seine Zelle.

Insgesamt war er über zwei Jahre in Einzelhaft. Im März 1976 wurde er nach einer Intervention Robert Havemanns bei Erich Honecker und wirksamen Protesten des In- und Auslandes vorzeitig freigelassen. Im September 1976 wurde ihm die Ausreise in die Bundesrepublik gestattet.

Bis zur Ausreise hielt er sich im Freundeskreis Wolf Biermanns auf. Im Westen angekommen, folgte für Faust eine Ernüchterung:

»Dass ich in der Mensa auf der Hardenbergstraße neben Marx-, Engels- und Lenin- auch riesige Stalin-Poster sah und verzweifelt davonlief, interessierte keinen. Der Verleger Axel Springer war der Oberteufel, ansonsten sollte ich mich von Gerhard Löwenthal, Matthias Walden, der Bundeswehr, der CDU, ganz besonders der CSU, von Landsmannschaften und Burschenschaften, dem Mauermuseum, der Gesellschaft für Menschenrechte und überhaupt von allen Antikommunisten, Amerikanern und konservativen Fortschrittsfeinden fernhalten, gaben mir diejenigen zu verstehen, die mir weiterhelfen, besser noch: mich retten wollten.«

Er arbeitete überwiegend freiberuflich als Schriftsteller, Drehbuchautor, Rezensent und Vortragsreferent; von 1996 bis 1999 war er Sächsischer Landesbeauftragter der Stasi-Aufarbeitung. Faust hat fünf Söhne und eine Tochter. Er lebt in Berlin.

Bibliographie (Auswahl)

Buchveröffentlichungen:

Die Lehr- und Wunderjahre des Faustus Simplicissimus. Dokumentiert in einem Nachwort von Lutz-Peter Naumann, vier Zeichnungen von Sieghard Pohl, sowie sechs Original-Briefe aus dem Gefängnis und einundvierzig Gedichte, Verlag Klaus Guhl, Berlin (West) 1979.
In welchem Lande lebt Mephisto? Schreiben in Deutschland, Günter Olzog Verlag, München 1980.
Ich will hier raus. Briefe, Gedichte, Dokumente, Kassiber und Karikaturen, Verlag Klaus Guhl, Berlin (West) 1983.
Ein jegliches hat sein Leid. Experimentelles Essay, Verlag Klaus Guhl, Berlin (West) 1984.
Menschenhandel in der Gegenwart. Literatur der DDR im Zeugenstand, MUT-Verlag, Asendorf 1986.
Der Freischwimmer. Das Ende einer Jugend in Dresden, Roman, Anita Tykve Verlag, Böblingen 1987.
Der Provokateur. Ein politischer Roman, Herbig-Verlag, München 1999.

Film-Drehbücher:

Freiheit, die ich meine. Über Christen und Marxisten in der DDR, sechsteilige ZDF-Spielfilmserie, 1979.
Sehnsucht nach einer Orgel. Vortragsfilm für die Hilfsaktion Märtyrerkirche, Überlingen 1983.
Auch dies ist mein Land. Drei Schriftsteller-Porträts zur deutschen Frage: Reiner Kunze, Hans-Joachim Schädlich und Ulrich Schacht. Vortragsfilm des Gesamtdeutschen Instituts, Bonn 1986.
Wir dachten, der Krieg ist vorbei. ZeitZeugen-Dokumentation mit Internierten sogenannter Speziallager, zusammen mit D. Jungnickel, Berlin 1996.
Gegen das Vergessen. Zeit-Zeugen im DDR-Museum Pforzheim. 10 Porträts, Pforzheim 2006.

EXIL in der edition buchhaus loschwitz
6. Staffel

3 Bände im Paket (ISBN 978-3-9824237-4-6 | 53 €)

Tobias Becker *Die Rückkehr des Schmerzes. Ein Befund*
Klappenbroschur | 200 S. | ISBN 978-3-9824237-5-3 | 19 €
Tobias Becker widmet sich in seinem Essay dem Schmerz, dies ausgehend von Ernst Jüngers Schmerzbegriff als einem »Signum der Epoche«. »Eigentlich ist nichts mehr, wie es war. Zukünftig soll sogar noch weniger so sein, wie es war. Es scheint also, als ob sich die Fragen, die sich Jünger vor hundert Jahren stellte, wieder stellten.«

Cora Stephan *Im Drüben fischen. Nachrichten von West nach Ost*
Klappenbroschur | 120 S. | ISBN 978-3-9824237-7-7 | 17 €
Cora Stephans versammelte Texte aus den ersten Jahren nach Wende und Wiedervereinigung zeugen von politischer Klarheit und einem unverstellten Blick auf den Osten Deutschlands. »Hinschauen – im eigenen Interesse, nicht aus Stellvertretermitleid mit den armen ›Zonis‹. Denn natürlich: sie sind grad so, wie man sie sich immer vorgestellt hatte.«

Stephan Krawczyk *TAU. Betrachtungen*
Klappenbroschur | 272 S. | ISBN 978-3-9824237-6-0 | 19 €
Stephan Krawczyks Notizen sind Gedankensplitter, die in alle Richtungen aus einem gelebten Tag springen. »Die Behauptung, es sei Demokratie, und man müsse die Demokratie stärken, ist im Grunde dasselbe, wie die Behauptung, es sei Sozialismus, und man müsse den Sozialismus stärken. Beides ist für die Machthaber ein Feigenblatt, egal auf welchem Wort sie an die Macht geritten sind.«

EXIL in der edition buchhaus loschwitz
5. Staffel

3 Bände im Paket (ISBN 978-3-9824237-0-8 | 49 €)

Konrad Adam *Gräben. Was zur Einheit fehlt*
Klappenbroschur | 152 S. | ISBN 978-3-9824237-1-5 | 17 €
Der erfahrene, konservative Journalist und temporär agierende *homo politicus* Konrad Adam ist an den Gräben entlang gegangen, die unser Land seit drei Jahrzehnten durchziehen, die Aufbruchstimmung getrübt und die Menschen getrennt haben. Er plädiert für eine Rückbesinnung auf gemeinsame Werte, basierend auf Bildung und Traditionen, die Mut machen und die Kraft zu Veränderung aufbringen.

Frank Böckelmann *Erkenne die Lage! Expeditionen ins Verdrängte*
Klappenbroschur | 168 S. | ISBN 978-3-9824237-2-2 | 19 €
Frank Böckelmann, langjähriger Herausgeber der vogelfreien Zeitschrift *TUMULT,* sucht für seine Editorials in jeder Ausgabe nach dem, was in der aktuell geführten Debatte ausgeblendet oder verdrängt wird. Seine Funde sind ebenso verblüffend wie einleuchtend. Manche von ihnen haben sich bis heute nicht herumgesprochen. Das erklärt den Reiz der vorliegenden Auswahl von Texten aus den Jahren 2015 bis 2020.

Antje Hermenau *Das große Egal. Essay*
Klappenbroschur | 112 S. | ISBN 978-3-9824237-3-9 | 17 €
Die frühere Realpolitikerin Antje Hermenau ist lange das ostdeutsche Gesicht der Grünen gewesen. Bis zu dem Zeitpunkt, als sie sich eingestehen musste, dass auch diese Partei keine volksnahe Partei sein möchte. Der Essay *Das große Egal* ist damit auch eine profunde Bilanz dessen, was jedwede Partei nach Wahlen nicht bereit ist zu leisten und zugleich eine kurzweilige Anleitung zum Umgang mit dem Prophetischen von Geschichte und ihren Erzählern.

EXIL in der edition buchhaus loschwitz
4. Staffel

3 Bände im Paket (ISBN 978-3-9823005-8-0 | 49 €)

Eberhard Straub *Europa. Ein ungesicherter Begriff*
Klappenbroschur | 104 S. | ISBN 978-3-9823005-5-9 | 17 €
Das Brüssel-Europa widerspricht sämtlichen europäischen Überlieferungen praktischer Weltklugheit. Jetzt wollen Funktionäre Einheit und nicht Einigkeit, Monotonie statt Polyfonie, die Gleichheit der Lebensverhältnisse, des Denkens und Wünschen und Wollens, sie möchten die Freiheit ersticken (…). Vom Geist und seiner Geschichte in Europa ist nicht mehr die Rede. (Eberhard Straub)

Thor Kunkel *Der Weg der Maschine. Annäherungen an den kybernetischen Sozialismus. Riskante Essays*
Klappenbroschur | 144 S. | ISBN 978-3-9823005-4-2 | 17 €
Abklärung statt Aufklärung, Durchdringungsmut statt Konformität: In seinen riskanten Essays gräbt sich Kunkel unter die Oberfläche der bunten One World, um aufzuzeigen, was sich dahinter verbirgt: ein sozialistisch vereintes Europa – nach dem Modell einer renovierten, kybernetisch gelenkten DDR 2.0.
Das Lesen von Kunkels Essays ist im heutigen Deutschland nicht weniger riskant als das Schreiben!

Rolf Stolz *Die Schärfe des Lachens: Wilhelm Busch*
Klappenbroschur | 152 S. | ISBN 978-3-9823005-6-6 | 17 €
Rolf Stolz beschreibt Wilhelm Busch als einen kritischen Realisten, »der vom Leben ausgeht und nicht von Wunschträumen, die den gerade Herrschenden ins Konzept passen oder die ausweichen in utopische Luftschlösser eines neuen Menschen und einer paradiesisch gerechten Welt.« Eine notwendige und vergnügliche Erinnerung an den Künstler und Autor Wilhelm Busch im Zeitalter von *political correctness.*

EXIL in der edition buchhaus loschwitz
3. Staffel

3 Bände im Paket (ISBN 978-3-9822049-9-4 | 53 €)

Ulrich Schacht *Im Schnee treiben. Essays zum poetischen Weltverständnis*
Klappenbroschur | 264 S. | ISBN 978-3-9822049-7-0 | 19 €
Der 70. Geburtstag des zu früh verstorbenen Ulrich Schacht ist Anlass, diesem temperamentvollen Kämpfer und sinnlichen Beobachter einen Essayband zu widmen. Schacht zeigt sich hier als ein Dichter, der die Natur zum Mittelpunkt seines Denkens und Ahnens macht. Der hohe Norden öffnete sich dem Theologen als poetisch schweigender Ort. Eine Hommage an das Sein in Landschaft und Welt, ein nachgelassener Schatz mit einem Vorwort von Heimo Schwilk.

Matthias Matussek *Außenseiter. Von Rebellen, Heiligen und Künstlern auf der Klippe*
Klappenbroschur | 216 S. | ISBN 978-3-9822049-6-3 | 19 €
Außenseiter sind, obgleich aus der Gesellschaft ausgeschlossen, dennoch ein Teil dieser Gemeinschaft. Und nach langen Jahren der Ausgrenzung, des Verhöhnens und der Diffamierung sind es oft plötzlich bewundernswerte Helden, die maßgeblich für Epochen, Strömungen und Zeiten stehen. Ein literarisches Helden-Kaleidoskop von Heine bis Joyce, von Syberberg bis Eastwood.

Thomas Naumann *Auf zum Letzten Gefecht*
Klappenbroschur | 264 S. | ISBN 978-3-9822049-8-7 | 19 €
Anhand von zwei Exil-Schriftstellern, Bertolt Brecht und Friedrich Wolf, setzt sich Thomas Naumann mit der immer währenden Utopie, dem Streben nach dem Neuen Menschen auseinander. Das Heilsversprechen, gründend auf der christlichen Idee, zeigt er entlang des Werkes Brechts, der sich sehr großzügig aus dem Reichtum der Bibel bediente, auf. Beim Kommunisten und Dramatiker Friedrich Wolf sieht Thomas Naumann als letztgeborener Sohn Wolfs dessen messianischen Eifer, der antreibt und gläubig irreführt. Der Ruf nach einer besseren, einer guten Neuen Welt war immer der Boden für Knechtschaft, Unterdrückung und Totalitarismus – das blutige 20. Jahrhundert steht hier nur beispielgebend.

EXIL in der edition buchhaus loschwitz
2. Staffel

3 Bände im Paket (ISBN 978-3-9822049-5-6 | 49 €)

Bernd Wagner *Mao und die 72 Affen*
Klappenbroschur | 232 S. | ISBN 978-3-9822049-0-1 | 19 €
Die Weltgeschichte muß umgeschrieben werden! Mao ist nicht gestorben, sondern wurde 1965 von einem daoistischen Priester in den Zustand der Unsterblichkeit versetzt, während ein Doppelgänger seine Geschäfte weiter führte. Und nicht nur das: mit Hilfe der magischen Zwiebeln des Daoisten kann er die Astralkörper der führenden Politiker beschwören und so die Weltpolitik in seinem Sinne manipulieren: vom Zusammenbruch des Sowjetreiches über die Flüchtlingskrise bis hin zum Ausbruch der Pandämonie, »Corona« geheißen. Eine bittere Satire.

Angela Wierig *Pawlowsche Idioten*
Klappenbroschur | 120 S. | ISBN 978-3-9822049-1-8 | 17 €
Der wohlgesonnenen Umschreibung, dass der Mensch die »Krone der Schöpfung« wäre steht Arthur Koestlers sinnige Analyse, den Mensch als »Irrläufer der Evolution« zu bezeichnen, gegenüber. Denn dort besagte Kluft zwischen Denken und Handeln beschäftigt auch Angela Wierig, wenn sie über den Siegeszug der Dummheit referiert und ihre These vom Homo insipiens, dem Törichten und Unwissenden fokussiert abhandelt.

Eva Rex *Rettet den gesunden Menschenverstand!*
Klappenbroschur | 112 S. | ISBN 978-3-9822049-2-5 | 17 €
Mit dem 1951 erschienenen Buch *Elemente und Ursprünge totaler Herrschaft* hat Hannah Arendt einen fundamentalen Schlüssel für die Totalitarismus-Forschung gelegt. Eva Rex stellt Arendt nun in den Kontext der Aufklärung: »Sapere aude«. »Rettet den gesunden Menschenverstand!« heißt damit vor allem eins, sich den totalitären Zwängen einer Mehrheitsgesellschaft zu widersetzen.

EXIL in der edition buchhaus loschwitz
1. Staffel

3 Bände im Paket (ISBN 978-3-9820131-9-0 | 49 €)

Uwe Tellkamp *Das Atelier*
Klappenbroschur | 112 S. | ISBN 978-3-9820131-8-3 | 17 €
Bilder mit Worten malen – man könnte meinen, dies geschähe, liest man Tellkamps Texte. *Das Atelier* gewährt faszinierende Einblicke in die Bilder und Welt der sächsischen –insbesondere Dresdner – Kunstszene, freilich nicht als Report oder schieres Abbild, sondern als Dichtung und Wahrheit: auf irisierende Weise stets auch das Ganze bedenkend.

Monika Maron *Krumme Gestalten, vom Wind gebissen. Essays aus drei Jahrzehnten*
Klappenbroschur | 112 S. | ISBN 978-3-9820131-6-9 | 17 €
Monika Marons neuer Essay-Band vereinigt unbestechliche und genaue Betrachtungen zu Land und Leuten, Mensch und Hund, aber auch zu dem, was uns täglich beschäftigt, sei es das Altern oder die nicht immer erfreuliche Lektüre der Medien.

Jörg Bernig *An der Allerweltsecke. Essays*
Klappenbroschur | 160 S. | ISBN 978-3-9820131-7-6 | 19 €
»So'ne Geschichten« sind das, was uns der Lyriker und Romancier Jörg Bernig in seinen Essays erzählt – er nimmt uns mit auf seine Streifzüge auf den Balkan und ins östliche Mitteleuropa, in Zonen der Verwerfungen und Brüche, zugleich auf fruchtbare Äcker, aus denen die kulturelle Vielfalt Europas wächst.